W0180667

Dieser letzte Band der Werkausgabe Rose Ausländers im Taschenbuch enthält Gedichte und Übersetzungen, von denen einige in New Yorker und Czernowitzer Zeitungen sowie im Nachlaß der Autorin erst jüngst entdeckt wurden. Mit diesen Nachträgen von frühen, zum Teil unbekannten Arbeiten aus der Zeit zwischen 1929 und 1967 ist das Gesamtwerk der Rose Ausländer vorerst lückenlos veröffentlicht und leicht zugänglich gemacht.

Die Taschenbuch-Ausgabe der gesammelten *Werke* Rose Ausländers ist mit ihren sechzehn Bänden und etwa 2200 Gedichten zu umfangreich, als daß einzelne Gedichte und Prosastücke auf Anhieb zu finden wären. Mit Hilfe des Gesamtregisters, das dieser Band ebenfalls enthält, dürfte die Suche allerdings kaum noch Mühe bereiten. Das Register ist aber weit mehr als ein der Orientierung und Übersicht dienendes Hilfsmittel. Wer sich vom Umfang der Verzeichnisse nicht abschrecken läßt, der kann interessante Aufschlüsse über Rose Ausländers Poetik gewinnen. So offenbart die Häufigkeit mancher Gedichttitel nicht nur die thematischen Schwerpunkte ihrer Lyrik, sondern zudem eine Feldstruktur, wie sie beispielsweise auch bei Georg Trakl nachweisbar ist. Und vergleicht man die Gedichte gleichen Titels, dann zeigt sich, wie sehr sich Rose Ausländers Stimmlage – trotz aller Kontinuitäten – über die Jahre gewandelt hat.

Rose Ausländer, geboren 1901 in Czernowitz/Bukowina, starb 1988 in Düsseldorf. Sie studierte Literaturwissenschaft und Philosophie. Als Jüdin von den Nationalsozialisten verfolgt, überlebte sie in Czernowitz. 1946 wanderte sie in die USA aus, kehrte 1964 nach Europa zurück und zog 1965 nach Düsseldorf. Seit 1972 lebte sie dort im Elternhaus der Jüdischen Gemeinde. Sie veröffentlichte mehr als dreißig Gedichtbände und erhielt zahlreiche literarische Auszeichnungen, u. a. 1977 den Andreas-Gryphius-Preis, 1980 die Roswitha-Gedenkmedaille der Stadt Gandersheim und 1984 den Literaturpreis der Bayerischen Akademie der Schönen Künste.

Im Fischer Taschenbuch Verlag liegen nun die *Werke* Rose Ausländers in sechzehn Bänden vollständig vor (Bd. 11151 bis 11166); außerdem *Ich spiele noch* (Bd. 10421), *Der Traum hat offene Augen* (Bd. 9172), *Immer zurück zum Pruth* (Bd. 9262) sowie *Rose Ausländer. Materialien zu Leben und Werk* (Bd. 6498).

Rose Ausländer
Schattenwald
Gedichte
Gesamtregister

 Fischer
Taschenbuch
Verlag

Rose Ausländer – Werke
Herausgegeben von Helmut Braun

Veröffentlicht im Fischer Taschenbuch Verlag GmbH,
Frankfurt am Main, Dezember 1995

Für diese Ausgabe:
© Fischer Taschenbuch Verlag GmbH, Frankfurt am Main 1995
Lizenzausgabe mit freundlicher Genehmigung des
S. Fischer Verlags GmbH, Frankfurt am Main
Alle Rechte vorbehalten
S. Fischer Verlag GmbH, Frankfurt am Main
Gesamtherstellung: Clausen & Bosse, Leck
Printed in Germany
ISBN 3-596-11166-8

Gedruckt auf chlor- und säurefreiem Papier

Nachgetragene Gedichte
und Übersetzungen

Gedichte aus New Yorker Zeitungen 1930

Der Wald erzählt

Mein Herz ist grün und meine abertausend Glieder
sind meine Kinder all im keimenden Gefieder.
Und Stamm neigt sich zu Stamme, Wipfel schließt
                                              an Wipfel.
Von meinem hohen, stolzen Pappelgipfel
erschau ich rings die landschaftliche Weite:
der Silberfluß gibt schlängelnd meinem Fuß Geleite;
fern ins Gewölke steigen welligweiche Hügel,
und unter ihnen ruht ein Wiesenplan, ein grüner
                                              Spiegel. –
Mein Blätterblut ist süßer Unruh voll, es will
                                              zerrauschen, –
doch still! die bunten Vögel singen, laßt uns lauschen! –
Die Sonne blickt mich glühend an, da muß ich wachsend
                                              steigen.
Der feuchte Erdenschoß zieht meine Wurzeln tiefer in
                                              sein Schweigen.
Mein Herz ist grün und sommerjung und voll von
                                              warmem Leben
und will der weiten Winterwelt die große Freude geben.

Reflexionen I

Tanz und Lied und Jubellaunen
sind mein buntes Sommerfeld,
und in heißem Kindesstaunen
spiel ich mit der ganzen Welt.

Und mit brünstigem Umarmen
fang ich alles Leben ein,
und es möchte mein Erbarmen
Odem jedem Steine leih'n.

Doch aus dunklem Hintergrunde
löset leis sich Traurigkeit,
und aus ihrem Muttermunde
trink ich aller Dinge Leid.

Jedes Weh, das einst gewesen,
jeden Schmerz, der ist und wird;
und ich fühl, wie ein Erlösen
überirdisch mich berührt.

Seliger als alle Wonnen,
die des Tages Goldglanz gibt,
heller als ein Meer von Sonnen
ist die Einfalt, die nur liebt.

Jene Schönheit will mich blenden,
und ich werde blind vor Glück;
diese will mir Frieden spenden
und durchlichtet meinen Blick.

Rausch und Lust und Leid und Schrecken
einen sich in ihrem Schoß –
über allen eitlen Zwecken
schwebt sie, – gut und grenzenlos.

Neuer Frühling

Soll ich dir glauben, kecker Überwinder?
Ein Lichtgebrause schwirrt auf Ätherschwingen
vom Himmel jubilierend durch die Lüfte
und reißt aus dunklen Schollen junge Düfte
und webt daraus opalgetönte Schlingen
und krönt die Stirnen auferstand'ner Kinder.

Und auch in meine wunde Winterseele,
die halberstarrte und die nachtverstörte,
bricht glutentzündend wildes Frühlingswettern –
das Weh zerreißt in plötzlichem Entblättern,
und wieder blüht mein Lied, das unbeschwerte,
zum Licht empor, dem Licht sich zu vermählen.

Nun streicheln innig deine Strahlenhände
mit so viel Liebe und mit so viel Leuchten,
daß ich beschämt mein Angesicht verhülle.
Du aber ziehst in mich mit weißer Stille
und läßt mich ahnen alle unerreichten
Gestirne und den Aufstieg ohne Ende.

O laß mich in das Immerneue schreiten,
von Gipfel lustberauscht zu Gipfel schweben,
in unermeßliche Unendlichkeiten,
in deine Tiefen, deine Wunderweiten,
in deine unerhörten Schauerleben
laß, neuer Frühling, mich hinübergleiten!

Ein jiddisches Gedicht

Zu di Chavejrim in Bukarest – New York, 1947

»Of a schtejn, of a schtejn«
sitz ijch troirik un alejn.
Di Chavejrim senen wait
un es jugt an flit di Zait.

»S'tanzt a rejtach mit a chrejn«
sing ijch schtil zu mir alejn.
Kimt a brwil fun der Wait,
lach ijch un ijch wejn far fraid.

»Ijch bin oichet dort gewejn«
in di Jurn gut un schejn.
Efscher Kimt Meschiach's Zait
un er brengt ejch fun der Wait.

Singt dos Lidl, S'is nit schwejr:
»Ijch hob oich gelost a Trer«.
Nit sijch schejmen solt ir, nejn:
Trejrn hobn oich a chejn.

»Lomir alle tanzen gejn«,
ijr zusamen, ijch alejn.
Unser Lidl hert nit oif,
brengt in Berkschaft uns zunoif.

Übersetzungen aus dem Jiddischen ins Deutsche

Elieser Steinbarg

Der Amerikaner

Herr Kartoffel, der, wie ihr wißt,
In Amerika zu Hause ist,
Und (ich sag's euch ganz verschwiegen)
Zu prahlen liebt und dick zu lügen,
Ist einst in einen Korb geraten
Unter Zwiebeln, Kohl und Tomaten.
Behäbig sitzt er da, wie ein reicher Mann,
Der zu armen Leuten eben zu Gaste kam.
»Wundert euch nicht«, prahlt er auch gleich,
»Daß ich so selten kam zu euch.
Zu eng ist es mir hier.
Dort aber bei mir,
In meinem eig'nen Garten
Habe ich aus Blättern zarten
Mir ein Stübchen gebaut,
Wunderbar luftig und traut.
Das Stübchen grünt und blüht,
Und wenn ich Lust habe, dann fliegt's
Mit mir bis in den Himmel hinein.«
»Oh, das kann nicht sein!«
»Oft schon bin ich hinaufgeflogen
Höher noch als der Regenbogen.
Wollt' ich im Himmel mich ergehn,
So ließ ich einfach mein Stübchen stehn,
Band es an den Schnurrbart des alten Morgensterns
Und schlenderte durch den Himmel, nah und fern.
Hatte ich alle Neuigkeiten erfahren,
Und wollte nun mit meinen Kräften sparen,
So ließ ich mich auf einer Wolke nieder
Und süßer Schlummer stärkte meine Glieder.«
»Das ist aber wirklich fein!«
»Oh, noch schöner konnt' es sein!
Manchmal lebt' ich dort fürwahr,

Wie der Türkensultan gar,
Wie eine Sonnenblume unter lauter Mais.
Hört, ich sag's euch im Vertrauen leis;
Wenn ihr zu hören seid bereit
Und nicht nur dürre Halme seid:
Einmal hat die Sonne ihre Liebe mir erklärt.«
»Wer? Die Sonne? Das ist ja unerhört!«
»Ja. Ich kann's beschwören.
Ich wollte jedoch nichts davon hören.
Zu gefühlvoll war's, zu heiß.
Ein Kuß, ein Händedruck, ganz leis,
Da hab' ich natürlich nichts dagegen.
Aber sich braten lassen ihretwegen?
Nein!!
Außerdem lud mich eine Bohne ein.
Sie hieß Sterneblank,
War jung, rank und schlank,
Führte jedoch kein sittsam Leben.
Sie beging Selbstmord meinetwegen.
Sprang hinab und zerschellte grad vor'm Haus.
Bin ich schuld dran,
Daß sie höher hinauswollte, als ihr zukam?
Man muß sich selber kennen.
So mußte es ein böses Ende nehmen.«
Und so prahlte Kartoffel, ohne Scham,
Und schmiegte sich sachte an eine Zwiebel an.
Welch arger Schwätzer Kartoffel auch war,
Er ruhe in Frieden! Er lebt nicht mehr.
Doch weil wir gerade davon sprachen,
Möchte ich nur kurz noch sagen:
Willst du dich der Zwiebel in Liebe neigen,
Muß nicht drum die Sonne zur Erde steigen.

Itzig Manger

Die Ballade vom Kränzlein Sterne

Laßt mich euch heute singen
das Lied von dem traurigen Glück,
das vorbeifliegt auf Vogelschwingen
und nimmer kehrt zurück.

Zu Jassny, einer schmucken Stadt,
verziert von alters her
mit Tempeln und Synagogen,
so hört ich, geht die Mär.

Da lebte einst ein alter, frommer Jud,
geheißen Daniel Stein,
und es hatte der fromme Jud
ein einziges Töchterlein.

Ein Jahr entflieht, das zweite kommt,
entflieht und kommt und verrinnt,
und gewachsen ist die Tochter schnell
und schlank wie die Tanne im Wind.

Es lächelt leis der alte Jud,
als der Frühling pochte ans Haus
und warf der Tochter in den Schoß
einen duftenden Fliederstrauß.

Und es lächelte leis der alte Jud,
als spät in blauer Nacht
ans Lager rote Beeren ihr
der König Sommer hat gebracht.

Doch als der Herbstwind pochte müd
und sein Regenschritt erklang:
»Die Jugend verblüht, die Jugend entflieht«,
erbebte der Jude bang.

Ein Jahr entflieht, das zweite kommt,
entflieht und kommt und verrinnt,
und gewachsen ist die Tochter schnell
und schlank wie die Tanne im Wind.

Da nahte ihr einst in weißer Nacht
ein Königsbote im Traum
und legte auf ihr einsames Bett
ein seidenes Hemd wie Flaum.

Und als der Jude zum Morgengebet
erwachte in aller Früh:
ein Kränzlein Sterne im Fenster hing
wie eine silberne Melodie.

Und vor dem Spiegel stand bleich und schlank
die Tochter im seidenen Hemd,
die Augen entrückt, die Hand auf der Brust,
und traurig und fern und fremd.

Der Tag entschwand, und wieder kam
in der zweiten Nacht der Herold
und legte auf ihr einsames Bett
eine Königskrone aus Gold.

Und als der Jude zum Morgengebet
erwachte in aller Früh:
ein Kränzlein Sterne im Fenster hing
wie eine silberne Melodie.

Und vor dem Spiegel stand bleich und schlank
die Tochter im seidenen Hemd
die goldene Krone im schwarzen Haar,
und traurig und fern und fremd.

Da gingen dem Juden die Augen auf,
und er sah, daß der Traum ihm geraubt
das einzige Wunder seines Leibs, – –
da streute er Asche aufs Haupt

und zerriß in Trauer sein Gewand
und sprach den Kaddisch fromm,
bis das Kränzlein Sterne im Fenster schwand,
je höher die Sonne klomm.

Und barfuß über den weißen Schnee
mit Krone und seidenem Hemd
ging die Tochter hinweg mit stillem Schritt,
bleich und traurig und fremd.

Itzig Manger
Die Ballade vom weißen Brot

Stehen Mütter, in Lumpen gehüllt,
auf dunklen Schwellen im Abendwind.

Mit bleichem Gesicht und erloschener Hand:
Dreizehn Apostel aus Hungerland.

Der Mond über ihnen entzündet sich
wie ein Brot, so weiß und mütterlich.

Erheben die Mütter in Trauer und Not
ihre narbigen Hände zum weißen Brot:

»Heiliges Brot, unser Hunger ist groß –
geheiligtes Brot, fall in unsern Schoß!

Der Hunger knetet zu Nachtskeletten
unsere Kinder in den Betten . . . «

Gleitet der Mond über alle Fenster,
über Kinderhäupter und Nachtgespenster.

Lächeln, umleuchtet vom weißen Brot,
die Kinder, sie träumen sich in den Tod.

Ertränkt der Mond sein weißes Licht
im See, denn zur Erde kann er nicht.

Stehen die Mütter mit gekrümmten Rücken,
zerschlissenen Tüchern, erloschenen Blicken

und trauern um das weiße Brot
und trauern um den jungen Tod.

Itzig Manger

Folg mir nicht nach, mein Bruder

Ich bin der Weg ins Leere,
das blonde Sonnensinken,
die braune Hirtenflöte,
das müde Abendwinken.

Folg mir nicht nach, mein Bruder –
mein Gehen ist Vergehn!
Es wird dein junger Glaube
an meinem Weh verwehn!

Ein Dolch ist meine Schönheit,
der tief sich gräbt ins Herz.
Zwei blaue Lippen über
dem Kruge Wein: mein Schmerz.

Mein Sehnen: ein Zigeuner
in windgepeitschter Steppe.
Eine tote, bleiche Mutter
auf dunkler Abendtreppe.

Folg mir nicht nach, mein Bruder,
mein Gehen ist Vergehn!
Es wird dein junger Glaube
an meinem Weh verwehn!

Meine Gier: eine nackte Nonne,
vor dem Altar gebeugt,
die ihre heißen Brüste
dem blonden Narren neigt.

Meine Luft: ein Regenbogen,
der an der Sonne reift
und in der Hand verflüchtet,
die gierig nach ihm greift.

Übersetzungen aus dem Englischen ins Deutsche

John Masefield

alternd

Verweile, Schönheit, denn das Feuer schwindet.
Mein Hund und ich sind alt, des Wartens müde.
Er, dessen Glut den Gletscher einst entzündet,
ist bald zu lahm zum Gehn, zu kalt zur Liebe.
Beim Feuer laß ich mit dem Buch mich nieder,
vergilbte Blätter wendend. Überm Bett
tickt an mein Ohr die Uhr. Verklungne Lieder
summt geisterhaft ein Draht noch im Spinett.
Ich kann nicht mehr die Meere überqueren,
nicht in die Berge, in die Täler ziehen,
noch eure Schlachten kämpfen, dessen Heere
der junge Ritter sammelt, wenn sie fliehen.
Verweile noch, ich will Erinnrung holen
an glühender Schönheit aus der Glut der Kohlen.

William Butler Yeats
Der Fiedler aus Dooney

Wenn ich spiele die Fiedel in Dooney,
tanzt das Volk wie die Wogen im Meer.
Mein Bruder ist Priester in Dundee,
mein Vetter ist Priester in Perth.
Ich kam zu Bruder und Vetter,
Gebetbücher lesend sie fand.
Ich lese im Buche der Lieder,
das ich am Jahrmarkt erstand.
Wenn wir am Ende der Zeiten
zu Petrus kommen empor,
prüft er lächelnd die drei alten Geister,
doch ruft mich als Ersten durchs Tor,
denn die Guten sind immer die Frohen
(außer durch böses Geschick),
und die Frohen lieben die Fiedel
und lieben Tanz und Musik.
Und wenn die Leute mich spähn,
kommt gleich »hier ist der Fiedler aus Dooney«
und tanzt wie die Woge im Meer.

Oscar Wilde
Requiem

Tritt leise, sie ist nah
unter dem Schnee.
Sprich sanft, sie höret ja
wachsen den Klee.

Ach, all ihr golden Haar
dem Rost zum Raub!
Sie, die so lieblich war,
heute schon Staub!

Liliengleich, rein und froh,
kaum wußte sie,
daß sie ein Weib war. So
süß blühte sie.

Sargbrett und schwarzer Stein
decken sie zu.
Ich gräme mich allein –.
Sie hat schon Ruh.

Stille, es dringt zu ihr
kein Lied hinab.
Mein Leben endet hier
in ihrem Grab.

William Shakespeare
Die Macht des Gesanges

Orpheus, der die Laute strich,
machte Bäume, Berge sich
tief verneigen, wenn er sang.
Sonne, Regen, Halme, Blume,
hüpften froh zu seinem Ruhme.
Ewiger Frühling war sein Klang.
Die ihn hörten in der Höh,
auch die Wogen in der See,
alles hielt den Atem an.
Die Musik ist solches Sein:
Sorge, Herzensgram und Pein
schlafen ein in ihrem Bann.

Übersetzungen aus dem Deutschen ins Englische

Else Lasker-Schüler

MY MOTHER

Was she the great angel
who walked at my side?
Or is my mother buried
under the sky of smoke?

O that my eyes could shine bright
and bring her light.

Were my life not drowned in my face,
I should hang it over her grave.

But I know a star
where there is always day – –
I will carry it over her soil.

I shall always be alone now
as the great angel
who walked at my side.

Else Lasker-Schüler

PRAYER

I seek a city everywhere
having an angel at the gate.
I wear his great and broken wing
heavily on my shoulder blade
and on my brow his star as seal.

I always wander into night.
For every heart to blossom blue
I brought my love into the world
and all my life I stayed awake
my dark breath wholly wrapped in God.

O God, enfold me in your robe.
I know I am a speck in crystal ball
and when the last man sheds the globe,
your allmight will not let me fall
a new earthsphere encircling me.

Paul Celan

Matured in the sea is the mouth
whose words the evening here mimics
in the face of its lands.
Murmuring it repeats them
with time-red lips.

Mouth seasoned by sea,
by the sea where the Thun swam
in brilliance
that radiates mankindward.

Thun hit by the ray, Thunsilver,
mirror-silver of Thun:
The second, the wandering glory
of temples
illumines the eye.

Silver and silver.
Double-silver of depth.

Row the boats out there,
brother.
Throw your nets for it,
brother.

Pull it up,
throw it into our houses,
throw it on our tables,
throw it into our dishes.

See, our lips are swelling:
Time-red they too like the evening,
murmuring they too –
and the mouth from the sea
emerges
for the infinite kiss.

Itzig Manger

THE BALLAD OF THE WHITE BREAD

Mothers standing in gloomy doors
wrapped in tatters. The evening roars.

Ashen face and faded hand:
Thirteen Apostles from Hungerland.

The moon is kindling over their head
white and motherly as a bread.

The mothers in anguish and desparate love
lift their arms to the white bread above:

»Our hunger is great, o holy bread,
fall in our lap, o sanctified bread!

In their cradles our daughters and sons
kneaded by hunger to skeletons...«

The moon glides past the window panes
over the children and night-ghosts – in vain.

Seeing she cannot come for their sake
she dreams her white light in the lake.

The mothers wrapped in tattered sacks
sit on thresholds with crooked backs

mourning for their children's death,
mourning for the great white bread.

Übersetzungen aus dem Polnischen ins Englische

Adam Mickiewicz
Sin

Sin is inflammable, and he
Who enters without sin will be
Immune to fire, though he dwell
Forever in the midst of hell.

Adam Mickiewicz
Myself

Satan would instantly
Himself in heaven find
If, for one moment, he
Could leave himself behind.

Adam Mickiewicz
Distance

The bridge to heaven seems too long to span?
Heaven is closer than the earth to man.

Editorische Notiz

Im Frühjahr 1993 wertete Gregor Ackermann von der SPD finanzierte Zeitungen, die in den USA erschienen sind, im Archiv der Bonner Friedrich-Ebert-Stiftung aus. Dabei stieß er in der *New Yorker Volkszeitung*, im *Sonntagsblatt der New Yorker Volkszeitung* und im New Yorker *Vorwärts* in den Jahrgängen 1929 und 1930 auf Gedichte und Feuilletons von Rose Ausländer. Dem Zufallsfund verdanken wir die Kenntnis dieser Drucke. Manche Texte waren bis dahin unbekannt, manche lagen als Manuskript vor, galten aber als unveröffentlicht.

Im literarischen Nachlaß Rose Ausländers habe ich handschriftliche Übersetzungen gefunden, die Rose Ausländer 1944/45 angefertigt hat. Es handelt sich dabei um Gedichte von William Shakespeare, William Butler Yeats, Oscar Wilde und John Masefield. Zur gleichen Zeit hat Rose Ausländer Übersetzungen abgeschrieben, die Paul Antschel (Celan) und Immanuel Weisglas vorgenommen haben. Dies läßt vermuten, daß die Übersetzungen bei gemeinsamen Treffen in Czernowitz entstanden sind.

Die jiddischen Gedichte von Itzig Manger hat Rose Ausländer bereits 1930 ins Deutsche übertragen. Ihr eigenes jiddisches Gedicht ist 1947 entstanden. Die Übersetzungen aus dem Polnischen lassen sich auf 1957, die Übertragungen ins Englische auf 1958 datieren. Elieser Steinbargs Fabel-Gedicht hat Rose Ausländer 1967 als Probearbeit für den Verlag Hoffmann und Campe, der einen Steinbarg-Band plante, aus dem Jiddischen übersetzt.

Mit diesem Buch, dem letzten Band der Werkausgabe Rose Ausländers im Taschenbuch, sind alle zur Zeit bekannten Texte und Übersetzungen Rose Ausländers veröffentlicht. Es ist allerdings denkbar, daß weitere Texte oder Drucke nachgewiesen werden können.

Helmut Braun
Königswinter, Februar 1995

Zeittafel

1901 Rosalie Beatrice »Ruth« Scherzer wird am 11. Mai in Czernowitz/Bukowina (Österreich) geboren.

1907–1919 Schulbesuch. Volksschule, Lyzeum Czernowitz und Wien.

1916–1918 Kriegsbedingter Aufenthalt in Wien.

1919 Matura in Czernowitz.
Seit 1919 intensive Beschäftigung mit der Philosophie (Platon, Spinoza, Constantin Brunner). Mitglied im Ethischen Seminar in Czernowitz.

1919/1920 Studium der Literatur und der Philosophie an der Universität Czernowitz.

1920 Der Vater stirbt.

1921 Im April Auswanderung in die USA zusammen mit Ignaz Ausländer.

1921/1922 Aufenthalt in Minneapolis/St. Paul und Winona. Hilfsredakteurin bei der Zeitschrift *Westlicher Herold* und Redakteurin der Kalenderanthologie *American Herold* (bis 1927). Hier publiziert sie ihre ersten Gedichte.

1923 Anfang des Jahres Übersiedlung nach New York. Bankangestellte.
Am 19. Oktober Heirat mit Ignaz Ausländer.

1926 Erhalt der Staatsbürgerschaft der USA.
Gründungsmitglied des Constantin-Brunner-Kreises in New York.

Ende 1926 Reise nach Czernowitz. Trennung von Ignaz Ausländer.

1927 Einmonatiger Besuch bei Constantin Brunner in Berlin.

1928 Pflege der erkrankten Mutter in Czernowitz.

Ende 1928 Rückreise nach New York in Begleitung von Helios Hecht, mit dem sie in den Folgejahren zusammenlebt.

1930 Am 8. Mai Scheidung von Ignaz Ausländer.

1931 Anfang des Jahres Rückkehr nach Czernowitz (Rumänien).

1931–1936 Gedichtpublikationen in Zeitungen, Zeitschriften, Anthologien, journalistische Tätigkeit, Übersetzungen, gibt Englisch-Unterricht.

1934 Aberkennung der amerikanischen Staatsbürgerschaft wegen dreijähriger Abwesenheit aus den USA.

1935 Trennung von Helios Hecht.
In den Folgejahren überwiegender Aufenthalt in Bukarest. Arbeitet in einer Chemiefabrik.

1939 Reisen nach Paris und New York.
Der Regenbogen, Rose Ausländers erste Buchpublikation, erscheint in Czernowitz.

1941–1944 SS-Truppen besetzen Czernowitz. Rose Ausländer wird im Getto der Stadt gefangengesetzt und darf nach Auflösung des Gettos die Stadt nicht verlassen. Zwangsarbeit, Todesnot, Kellerversteck. Sie lernt Paul Celan (Paul Antschel) kennen.

1944 Im Frühjahr besetzen russische Truppen die Bukowina. Die jüdische Bevölkerung wird befreit. Rose Ausländer arbeitet in der Stadtbibliothek von Czernowitz.

1945 Im Dezember Ausreiseantrag nach Rumänien.

1946 Im August Ankunft in Bukarest.
Im September über Marseille Ausreise nach New York.

1947 Die Mutter stirbt in Satu Mare, Rumänien.

1948–1956 Rose Ausländer schreibt ihre Gedichte ausschließlich in englischer Sprache.

1953–1961 Arbeit als Fremdsprachenkorrespondentin bei der Spedition Freedman & Slater, New York.

1957 Von Mai bis November Europareise, zeitweise mit Miriam Grossberg.
Drei Treffen mit Paul Celan.
Reisestationen: Rotterdam, Paris (und Frankreich), Italien, Griechenland, Spanien, Norwegen, Wien (und Österreich), Schweiz, Paris, Amsterdam.

1961 Am 8. Dezember endet krankheitsbedingt die Tätigkeit bei Freedman & Slater.

1963 Im Mai Reise nach Wien, wo der Bruder und dessen Familie aus Rumänien kommend im Flüchtlingslager eingetroffen sind.

1964 Vierwöchiger Aufenthalt in Israel.
Kurze Rückkehr nach New York zur Vorbereitung der endgültigen Übersiedlung nach Wien.

1965 Übersiedlung in die BRD, nach Düsseldorf.
Blinder Sommer, Rose Ausländers erste Buchpublikation seit 1939, erscheint in Wien.

1966 Rente und Entschädigung als Verfolgte des Naziregimes.

bis 1971 Zeit des Reisens in Europa. 1968/69 letztmalig für zwölf Monate in den USA.

1966 Silberner Heine-Taler des Verlages Hoffmann & Campe, Hamburg.

1967 Droste-Preis der Stadt Meersburg.
36 Gerechte

1972 Am 22. Dezember Einzug ins Nelly-Sachs-Haus, das Elternhaus der jüdischen Gemeinde in Düsseldorf.
Inventar

1974 *Ohne Visum*

1975 *Andere Zeichen*

1976 *Gesammelte Gedichte*
Mit diesem Band beginnt die Zusammenarbeit mit dem Literarischen Verlag Braun, Köln.

Noch ist Raum

1977 Ida-Dehmel-Preis der GEDOK
Gryphius-Preis
Letzte öffentliche Lesung anläßlich der Preisverleihung.
Zur Eröffnung der Ausstellung »Rose Ausländer« im Heinrich-Heine-Institut, Düsseldorf, verläßt die Autorin letztmalig das Nelly-Sachs-Haus.

Doppelspiel

Selected Poems (London, erste Auslandsausgabe)

1978–1988 Bettlägerig.

1978 Ehrengabe des BDI.

Aschensommer (erstes Taschenbuch)

Mutterland

Es bleibt noch viel zu sagen

1979 *Ein Stück weiter*

1980 Roswitha-Medaille der Stadt Bad Gandersheim.
Die Zusammenarbeit mit dem S. Fischer Verlag, Frankfurt, beginnt.

Einverständnis

1981 *Mein Atem heißt jetzt*

Im Atemhaus wohnen

Einen Drachen reiten

1982 *Mein Venedig versinkt nicht*

Südlich wartet ein wärmeres Land

1983 *So sicher atmet nur Tod*

1984 Literaturpreis der Bayerischen Akademie der Schönen Künste.
Die Herausgabe der *Gesammelten Werke* (GW) im S. Fischer Verlag beginnt.

Hügel / aus Äther / unwiderruflich (GW Band 3)

Im Aschenregen / die Spur deines Namens (GW Band 4)

Ich höre das Herz / des Oleanders (GW Band 5)

1985 *Die Sichel mäht die / Zeit zu Heu* (GW Band 2)

Die Erde war ein atlasweißes Feld (GW Band 1)

Ich zähl / die Sterne meiner Worte

1986 Literaturpreis der Verbandes der Evangelischen Büchereien für *Mein Atem beißt jetzt.*

Wieder ein Tag / aus Glut und Wind (GW Band 6)

1987 *Ich spiele noch*

Der Traum hat offene Augen

1988 Am 3. Januar stirbt Rose Ausländer in Düsseldorf im Nelly-Sachs-Haus. Sie wird auf dem jüdischen Friedhof im Nordfriedhof in Düsseldorf beerdigt.

Und preise die kühlende / Liebe der Luft (GW Band 7)

1990 *Jeder Tropfen / ein Tag* (GW Band 8)

Mit diesem Band liegt das Gesamtwerk Rose Ausländers vollständig vor.

Alphabetisches Verzeichnis nach Gedichttiteln

Der Wald erzählt   9
Neuer Frühling   11
Reflexionen I   10

Ein jiddisches Gedicht

ZU DI CHAVEJRIM IN DER WAIT   15

Übersetzungen aus dem Jiddischen ins Deutsche

Der Amerikaner (Elieser Steinbarg)   19
Die Ballade vom Kränzlein Sterne (Itzig Manger)   22
Die Ballade vom weißen Brot (Itzig Manger)   25
Folg mir nicht nach, mein Bruder (Itzig Manger)   26

Übersetzungen aus dem Englischen ins Deutsche

alternd (John Masefield)   29
Der Fiedler aus Dooney (William Butler Yeats)   30
Die Macht des Gesanges (William Shakespeare)   32
Requiem (Oscar Wilde)   31

Übersetzungen aus dem Deutschen ins Englische

THE BALLAD OF THE WHITE BREAD (Itzig Manger)   39
MY MOTHER (Else Lasker-Schüler)   35
PRAYER (Else Lasker-Schüler)   36
WITH TIME-RED LIPS (Paul Celan)   37

Übersetzungen aus dem Polnischen ins Englische

Distance (Adam Mickiewicz)   45
Myself (Adam Mickiewicz)   44
Sin (Adam Mickiewicz)   43

Alphabetisches Verzeichnis nach Gedichtanfängen

Mein Herz ist grün und meine abertausend Glieder   9
Soll ich dir glauben, kecker Überwinder?   11
Tanz und Lied und Jubellaunen   10

Ein jiddisches Gedicht

»Of a schtejn, of a schtejn«   15

Übersetzungen aus dem Jiddischen ins Deutsche

Herr Kartoffel, der, wie ihr wißt   19
Ich bin der Weg ins Leere   26
Laßt mich euch heute singen   22
Stehen Mütter, in Lumpen gehüllt   25

Übersetzungen aus dem Englischen ins Deutsche

Orpheus, der die Laute strich   32
Tritt leise, sie ist nah   31
Verweile, Schönheit, denn das Feuer schwindet   29
Wenn ich spiele die Fiedel in Dooney   30

Übersetzungen aus dem Deutschen ins Englische

I seek a city everywhere   36
Matured in the sea is the mouth   37
Mothers standing in gloomy doors   39
Was she the great angel   35

Übersetzungen aus dem Polnischen ins Englische

The bridge to heaven seems too long to span   45
Satan would instantly   44
Sin is inflammable, and he   43

Quellenverzeichnis

Der Wald erzählt
In: *Vorwärts*, New York, 53. Jg., Nr. 20 vom 17. Mai 1930
Reflexionen I
In: *Sonntagsblatt der New Yorker Volkszeitung*, New York, 53. Jg., Nr. 7
vom 16. Februar 1930
Neuer Frühling
In: *New Yorker Volkszeitung*, New York, 53. Jg., Nr. 107 vom 5. Mai
1930
Die Ballade vom Kränzlein Sterne; Die Ballade vom weißen Brot
In: Rose Ausländer, *Die Erde war / ein atlasweißes Feld, Gedichte
1927–1956*, S. Fischer Verlag, Frankfurt am Main 1985
Folg mir nicht nach, mein Bruder
In: *Der Tag*, Czernowitz, 17. Juli 1932
MY MOTHER; PRAYER
In: *The New Orlando Poetry Anthology*, hrsg. von Anca Vrbovska, New
Orlando Publications, New York 1958
Sin; *Myself*; *Distance*
In: Adam Mickiewicz, *New Selected Poems*, Voyages Press, New York
1957

Alle anderen Gedichte wurden nach den im Nachlaß Rose Ausländ-
ers aufgefundenen Manuskripten gedruckt.

Gesamtregister

Bandzählung

1 = Wir ziehen mit den dunklen Flüssen. Gedichte 1927–1947. Frankfurt am Main 1993

2 = Denn wo ist Heimat? Gedichte 1927–1947 aus dem Nachlaß. Frankfurt am Main 1994

3 = The Forbidden Tree. Englische Gedichte. Frankfurt am Main 1995

4 = Die Musik ist zerbrochen. Gedichte 1957–1963 aus dem Nachlaß. Frankfurt am Main 1993

5 = Wir pflanzen Zedern. Gedichte 1957–1969. Frankfurt am Main 1993

6 = Wir wohnen in Babylon. Gedichte 1970–1976. Frankfurt am Main 1992

7 = Gelassen atmet der Tag. Gedichte 1976. Frankfurt am Main 1992

8 = Sanduhrschritt. Gedichte 1977–1978. Frankfurt am Main 1994

9 = Treffpunkt der Winde. Gedichte 1979. Frankfurt am Main 1991

10 = Hinter allen Worten. Gedichte 1980–1981. Frankfurt am Main 1992

11 = Die Sonne fällt. Gedichte 1981–1982. Frankfurt am Main 1992

12 = Und nenne dich Glück. Gedichte 1982–1985. Frankfurt am Main 1994

13 = Brief aus Rosen. Gedichte 1987. Frankfurt am Main 1994

14 = Schweigen auf deine Lippen. Späte Gedichte aus dem Nachlaß. Frankfurt am Main 1994

15 = Die Nacht hat zahllose Augen. Prosa. Frankfurt am Main 1995

16 = Schattenwald. Nachgetragene Gedichte und Gesamtregister. Frankfurt am Main 1995

Verzeichnis der Abkürzungen der Originalveröffentlichungen

DR = Der Regenbogen, Verlag Literaria, Czernowitz 1939

BS = Blinder Sommer, Bergland Verlag, Wien 1965

G = 36 Gerechte, Hoffmann und Campe Verlag, Hamburg 1967

I = Inventar, Hildebrandt Verlag, Duisburg 1972

OV = Ohne Visum, Sassafras Verlag, Krefeld 1974

AZ = Andere Zeichen, Concept Verlag, Düsseldorf 1975

GG = Gesammelte Gedichte, Literarischer Verlag Braun, Leverkusen 1976

NR = Noch ist Raum, Gilles & Francke Verlag, Duisburg 1976

D = Doppelspiel, Literarischer Verlag Braun, Köln 1977

M = Mutterland, Literarischer Verlag Braun, Köln 1978

ES = Ein Stück weiter, Literarischer Verlag Braun, Köln 1979

E = Einverständnis, Pfaffenweiler Presse, Pfaffenweiler 1980

ED = Einen Drachen reiten, Pfaffenweiler Presse, Pfaffenweiler 1981

MA = Mein Atem heißt jetzt, S. Fischer Verlag, Frankfurt/Main 1981

S = Südlich wartet ein wärmeres Land, Pfaffenweiler Presse, Pfaffenweiler 1982

MV = Mein Venedig versinkt nicht, S. Fischer Verlag, Frankfurt/Main

SS = So sicher / atmet nur / Tod, Pfaffenweiler Presse, Pfaffenweiler 1983

GW 3 = Hügel / aus Äther / unwiderruflich, Gedichte und Prosa 1966–1975, herausgegeben von Helmut Braun, Gesammelte Werke Band 3, S. Fischer Verlag, Frankfurt/Main 1984.

GW 4 = Im Aschenregen / die Spur deines Namens, Gedichte und Prosa 1976, herausgegeben von Helmut Braun, Gesammelte Werke Band 4, S. Fischer Verlag, Frankfurt/Main 1984.

GW 5 = Ich höre das Herz / des Oleanders, Gedichte 1977–1979, herausgegeben von Helmut Braun, Gesammelte Werke Band 5, S. Fischer Verlag, Frankfurt/Main 1984.

IZ = Ich zähl die Sterne / meiner Worte, Fischer Taschenbuch Verlag, Frankfurt/Main 1985

GW 1 = Die Erde war ein atlasweißes Feld, Gedichte 1927–1956, herausgegeben von Helmut Braun, Gesammelte Werke Band 1, S. Fischer Verlag, Frankfurt/Main 1985.

GW 2 = Die Sichel mäht die / Zeit zu Heu, Gedichte 1957–1965, herausgegeben von Helmut Braun, Gesammelte Werke Band 2, S. Fischer Verlag, Frankfurt/Main 1985.

GW 6 = Wieder ein Tag aus Glut und Wind, Gedichte 1980–1982, herausgegeben von Helmut Braun, Gesammelte Werke Band 6, S. Fischer Verlag, Frankfurt/Main 1986.

IS = Ich spiele noch, S. Fischer Verlag, Frankfurt/Main 1987

DT = Der Traum hat offene Augen, Fischer Taschenbuch Verlag, Frankfurt/Main 1987

GW 7 = Und preise die kühlende / Liebe der Luft, Gedichte 1983–1987, herausgegeben von Helmut Braun, Gesammelte Werke Band 7, S. Fischer Verlag, Frankfurt/Main 1988.

GW 8 = Jeder Tropfen ein Tag, Gedichte aus dem Nachlaß, herausgegeben von Helmut Braun, Gesammelte Werke Band 8, S. Fischer Verlag, Frankfurt/Main 1990.

RA = Rose Ausländer, Materialien zu Leben und Werk, herausgegeben von Helmut Braun, Fischer Taschenbuch Verlag, Frankfurt/Main 1991.

Alphabetisches Verzeichnis der deutschen Gedichte nach Titeln

Nr.	Titel	Bd.	Seite
1	A	12	66
2	Abel	9	135
3	Abend I (Schatten stehlen sich)	5	163
4	Abend II (Der Abendmund / blutet)	8	95
5	Abend III (Ohne Vorwand / tritt er ein)	10	56
6	Abendangst	2	12
7	Abendspiel	9	32
8	Abendstern	5	52
9	Abendstrophen	1	71
10	Abendverse I (Alle Kelche sind schon zu)	2	33
11	Abendverse II (Fremde Dinge wachsen zusammen)	9	57
12	Aber	5	141
13	Aber ich weiß	10	79
14	Aber rebellisch	7	100
15	Abglanz	10	172
16	Abschied I (Du gingst von mir, gefolgt von meiner Ruh)	1	109
17	Abschied II (Dieses Letzte möchte ich euch sagen)	2	16
18	Abschied III (Du denkst deinen strömenden Tag)	8	97
19	Abschied IV (Abschied / vor der Geburt)	9	134
20	Abschied V (Trauert / um deine Augen)	11	56
21	Abschrei	4	142
22	Abschreiben	9	159
23	Abstimmen	6	31
24	Acht Stunden	12	58
25	Adam	8	98
26	Afghanistan	7	65
27	Age of Anxiety	2	78
28	Aix	7	125
29	Akropolis I (. . . die Stadt / über der Stadt)	5	161
30	Akropolis II (Spürst du / die Eindringlichkeit)	12	23
31	Alice in Wonderland	4	85

SS	–
ES	Christ in der Gegenwart, Herder Verlag, Freiburg 1977
G	–
M	–
E	–
GW 1	–
ES	–
BS	–
DR	–
GW 1	–
ES	Akzente Nr. 1/2, Hanser Verlag, München 1979
G	–
MA	–
GG	ZET, Nr. 9, Edition Rothe, Heidelberg, März 1975
MA	–
DR	–
GW 1	–
M	–
ES	–
MV	–
GW 2	–
ES	–
OV	Frankfurter Allgemeine Zeitung, Frankfurt/Main, 15.6.1971
GW 7	Die Paradiese in unseren Köpfen, Arena Verlag, Würzburg 1983
M	–
GG	–
GW 1	–
NR	ensemble 7, Deutscher Taschenbuch Verlag, München 1976
G	–
S	–
GW 2	–

Nr.	Titel	Bd.	Seite
32	Alle Gaben	1	28
33	Alle Menschen werden Brüder	11	119
34	Alle Spuren	11	40
35	Allee	8	99
36	Allein	8	100
37	Alles	9	78
38	Alles atmet	1	113
39	Alles war schon	13	52
40	Alles was atmet	7	142
41	Almosen	7	47
42	Alpdruck	1	64
43	Als auf den Fensterscheiben / die Blumen blühten	12	172
44	Als gäbe es	7	52
45	Als ich / aus der / Kindheit floh	13	157
46	Als ich in Constanza war	12	173
47	Als wäre	9	61
48	Alt – Jung	7	18
49	Alt und neu	7	190
50	Alte ergraute Frau	5	62
51	Alte Geschichten	7	60
52	Alte Zigeunerin	7	73
53	Altenheim	11	61
54	Alter	10	63
55	Alter Becher	6	97
56	Altes Zeichen	11	129
57	Am Abend	7	196
58	Am Ende der Zeit	6	115
59	Am Himmel / die künstlichen Vögel	13	153
60	Am Karmel	8	102
61	Am Meer	8	103
62	Am Rand I (Am Rand eines Gedichts)	6	65
63	Am Rand II (Rom führt / zu allen Wegen)	12	40
64	Am Rand III (Wir blühen uns zu)	13	128
65	Am Strand	5	35
66	Am Ufer	9	74
67	Am verklärten Tag	1	55
68	Am Ziel	6	153
69	Amen	2	117
70	Amor Dei	2	7

OV	EV
GW 1	–
MV	–
MV	–
M	–
M	–
ES	–
DR	–
DT	–
NR	–
GG	–
DR	–
IZ	–
GG	–
IZ	–
IZ	–
ES	Der Report, Dortmund, 1. 6. 1978
GG	–
NR	–
BS	–
GG	–
GG	–
MV	–
GW 6	Jahresring 81/82, Deutsche Verlags-Anstalt, Stuttgart 1981
AZ	–
MV	–
NR	–
AZ	–
IS	Festtag in Manhattan, Pfaffenweiler Presse, Pfaffenweiler 1985
M	–
M	–
OV	Jahresring 74/75, Deutsche Verlags-Anstalt, Stuttgart 1974
S	–
DT	–
BS	–
ES	–
DR	–
GG	Jahresring 76/77, Deutsche Verlags-Anstalt, Stuttgart 1976
GW 1	–
GW 1	–

Nr.	Titel	Bd.	Seite
71	Amseln / ich streue Brot	13	177
72	Amsterdam im Oktober	4	185
73	An deinen Traum	2	19
74	An den Überirdischen	2	20
75	An der Grenze	6	57
76	An die Nacht	2	50
77	An die Sonne	2	23
78	An ein Blatt	1	80
79	An einen Greis	8	25
80	An einen jungen Künstler	2	106
81	An einen Schmetterling	1	77
82	An eine Narzisse	1	35
83	An eine Schlafpille	4	186
84	An eine Tanzskulptur	1	88
85	An Pablo Neruda	6	43
86	Ans Ufer	14	183
87	Andalusien	12	22
88	Andere Zeichen	6	86
89	Anders I (Anders / kommen sie)	5	130
90	Anders II (Es ist alles / anders geworden)	8	96
91	Anders gemeint	9	82
92	Anfang und Ende	11	37
93	Anfangen	7	57
94	Angst I (Die Fenster flattern angstbesessen)	1	146
95	Angst II (Ich habe Angst / vor mir)	9	79
96	Anklage	7	174
97	Anonym	11	118
98	Antennen	11	85
99	Antrieb	12	51
100	Antwortlos	7	160
101	April I (Da kommt er)	5	32
102	April II (Auf meinem Fenster)	9	69
103	Aprilwind	10	43
104	Arche	6	35
105	Arglos	13	83
106	Arles	6	116
107	Asche	7	89
108	Aschenbrödel	7	53
109	Atem	9	83

IS	Neue Rundschau, 97. Jg., Heft 1, S. Fischer Verlag, Frankfurt/Main 1986
GW 2	–
GW 1	–
GW 1	–
OV	Sassafras-Blätter Nr. 11, Sassafras Verlag, Krefeld 1974
GW 1	–
GW 1	–
DR	Klingsor, IX. Jg., Nr. 7, Kronstadt, Juli 1932
D	Jahresring 74/75, Deutsche Verlags-Anstalt, Stuttgart 1974 (frühere Fassung)
GW 1	–
DR	–
GW 1	Buchenblätter, Neue Folge, 1. Jahrgang, Czernowitz 1932
GW 2	–
DR	–
OV	Sassafras-Blätter Nr. 11, Sassafras Verlag, Krefeld 1974
GW 8	–
S	–
AZ	–
GW 3	SFB, Berlin, 27.4.1967
M	Es ist alles anders, Pfaffenweiler Presse, Pfaffenweiler 1977
ES	–
MV	–
GG	–
GW 1	Neue Literatur Nr. 4, Bukarest 1981
ES	–
NR	–
MV	–
MV	–
DT	–
NR	–
BS	–
ES	–
E	–
OV	–
DT	–
AZ	–
GG	–
GG	–
ES	–

Nr.	Titel	Bd.	Seite
110	Auch das Verborgene	4	145
111	Auch deine Trauer	10	39
112	Auch ich	6	37
113	Auch so etwas	12	67
114	Auf Barrikaden	6	104
115	Auf Befehl	9	84
116	Auf dem Gipfel	1	76
117	Auf dem Kahn / gleiten	13	195
118	Auf den Besuch von Peter Huchel	8	119
119	Auf den Eisfenstern / blühten die Blumen	13	164
120	Auf / den Schalen / meiner Kummerwaage	13	245
121	Auf der Flucht	13	50
122	Auf der Flucht / übernachten	13	238
123	Auf der Lauer I (Es wäre Zeit / ade zu sagen)	9	72
124	Auf der Lauer II (Nimm mit / ein paar Sonnenstrahlen)	9	85
125	Auf der Sichel / reite ich	13	240
126	Auf einen Monolog von Thomas Bernhard	11	89
127	Auf einer Insel	10	112
128	Auf Erden	10	170
129	Auf Himmelsstufen	1	67
130	Auf Krücken	6	101
131	Auf linden Flügeln	1	156
132	Auf mitternächtlicher Au	2	81
133	Auf Wiedersehn I (Ade / sagt heute keiner mehr)	8	120
134	Auf Wiedersehn II (Sag mir Freund)	10	61
135	Auf Wiedersehn III (Ade sagen / mit dem Wort winken)	11	35
136	Aufatmen / wenn die Gefahr sich verbirgt	13	139
137	Auferstanden I (Wir / auferstanden / aus dem Nichts)	7	97
138	Auferstanden II (Auferstanden im Regen / die Toten)	11	122
139	Auferstandener Sohn	4	190
140	Auferstehung	11	131
141	Aufgenommen	9	80
142	Aufgeschoben	11	83
143	Auftrag	7	108

GW 2	–
E	–
OV	Sassafras-Blätter Nr. 11, Sassafras Verlag, Krefeld 1974
SS	–
AZ	–
ES	–
DR	–
IS	–
M	–
IS	Jahresring 85/86, Deutsche Verlags-Anstalt, Stuttgart 1985
IS	–
DT	–
IS	–
ES	–
ES	–
IS	–
MV	–
MA	–
MA	–
DR	–
AZ	Sie schreiben zwischen Goch und Bonn, Peter Hammer Verlag, Wuppertal 1975
GW 1	–
GW 1	–
M	Literatur und Kritik Nr. 127/8, Otto Müller Verlag, Salzburg 1978
GW 6	Jahresring 81/82, Deutsche Verlags-Anstalt, Stuttgart 1981
MV	–
IS	–
GG	–
MV	–
GW 2	–
MV	–
ES	–
MV	–
NR	–

Nr.	Titel	Bd.	Seite
144	Augen I (Augen / – Lichtlippen –)	4	148
145	Augen II (Augen traf ich / von ungefähr)	13	127
146	Augenblickslicht	7	51
147	Augen hören	14	166
148	August in Baltschik	7	123
149	Auktionen	8	12
150	Aus dem / Halbmond / strömt Nebelnacht	13	220
151	Aus dem Lichtquell / eines großen Augenblicks	12	153
152	Aus dem Süden	2	82
153	Aus der Sonne / fallen Bienen	13	150
154	Aus Erz	2	37
155	Aus einem heißen Schlaf / bin ich erwacht	12	171
156	Aus fernen Welten / fallen Worte	13	158
157	Aus Luft und Liebe	10	159
158	Ausgangspunkt	13	84
159	Ausgewiesener Mond	11	96
160	Ausgleich	14	119
161	Austausch	6	126
162	Außen bist du	1	10
163	Autobiographie in Flüssen	5	126
164	Avignon	7	70
165	Bachfuge	7	37
166	Bahnfahrt	8	31
167	Bald / kommt die Freundin	12	170
168	Bald I (Bald ist dein Herz vertan)	1	74
169	Bald II (Ich schlage die Zeit tot)	7	129
170	Ballspieler	11	55
171	Bangigkeit	2	25
172	Bankfabrik	1	11
173	Battery Park	5	36
174	Bauen	10	28
175	Baufälliges Haus	7	178
176	Baukasten	13	126
177	Baum	11	18
178	Bäume	7	145
179	Beendet	9	88
180	Befehl	7	9
181	Begleiter	7	173

GW 2	–
DT	–
GG	–
GW 8	–
NR	ensemble 7, Deutscher Taschenbuch Verlag, München 1976
GW 5	–
MA	Jahresring 80/81, Deutsche Verlags-Anstalt, Stuttgart 1980
IZ	DIE ZEIT Nr. 41, Hamburg, 7.10.1983
GW 1	–
IS	Festtag in Manhattan, Pfaffenweiler Presse, Pfaffenweiler 1985
GW 1	–
IZ	–
IS	Festtag in Manhattan, Pfaffenweiler Presse, Pfaffenweiler 1985
MA	Jahresring 80/81, Deutsche Verlags-Anstalt, Stuttgart 1980
DT	–
MV	–
GW 8	–
AZ	–
GW 1	Der Tag, Czernowitz, 10.7.1932
GW 3	WDR I, Köln, 22.7.1966
GG	–
GG	–
D	–
IZ	–
DR	–
NR	–
MV	–
GW 1	–
GW 1	Sonntagsblatt der New Yorker Volkszeitung, 53. Jg., Nr. 1, 5.1.1930 (1. Fassung)
BS	–
E	–
NR	–
DT	–
ED	–
NR	–
ES	–
GG	–
NR	–

Nr.	Titel	Bd.	Seite
182	Beichten	11	23
183	Bekenntnis I (Ich bekenne mich)	6	141
184	Bekenntnis II (Ich bekenne mich / zu dir)	14	83
185	Bergbesteigung	10	42
186	Berge	12	30
187	Berglandschaft	11	115
188	Bergpartie	2	27
189	Bergpredigt	11	147
190	Besuch	12	78
191	Betrübnis	9	87
192	Beute	9	118
193	Bewohnbar	10	174
194	Bilanz	13	48
195	Bilder	4	192
196	Bilder der Zeit	1	39
197	Bildhauer	9	121
198	Biographische Notiz	7	204
199	Bis I (Hast du endlich erlernt deine Rolle)	5	94
200	Bis II (Dies Blumenbeet / bunt wie das Leben)	10	33
201	Bis an den Nagelmond	5	146
202	Bist du nicht	8	121
203	Bitte I (Wahrheit / sag mir die Wahrheit)	7	21
204	Bitte II (Verschweig uns / nicht)	7	92
205	Blatt I (Den Winter durchwartet)	5	174
206	Blatt II (Handgrün mit hellen / Adern)	8	32
207	Blau	8	10
208	Blaßblaue Tage I (Blaßblaue Tage halten die Herzen so milde)	2	31
209	Blaßblaue Tage II (Goldene Schleier liegen auf deinen Wangen)	2	32
210	Bleib / deinem Wort / treu	12	131
211	Bleiben	11	130
212	Blind	6	82
213	Blinde Erinnerung	9	122
214	Blinde Gesten	7	26
215	Blindlings	14	95
216	Blinder Sommer	5	15

OV	EV
ED	–
AZ	–
GW 8	–
E	–
S	–
MV	–
GW 1	–
MV	–
SS	–
ES	Jahrbuch für Lyrik 1, Athenäum Verlag, Königstein/ Taunus 1979
ES	–
MA	–
DT	–
GW 2	–
–	Der Tag, Czernowitz, 20. 5. 1932
ES	–
NR	German-American Studies No. 1, Youngtown, Ohio 1970 (frühere Fassung)
BS	–
E	Jahrbuch für Lyrik 1, Athenäum Verlag, Königstein/ Taunus 1979
G	Keine Zeit für die Liebe, Limes Verlag, Wiesbaden 1964
M	Literatur und Kritik Nr. 126/7, Otto Müller Verlag, Salzburg 1978
GG	–
GG	–
G	Radio Bremen, Bremen, 16. 3. 1966
D	–
GW 5	Es ist alles anders, Pfaffenweiler Presse, Pfaffenweiler 1977
GW 1	–
GW 1	–
IZ	–
MV	–
AZ	–
ES	–
GG	–
GW 8	–
BS	–

Nr.	Titel	Bd.	Seite
217	Blumen	14	33
218	Blumenklage	1	173
219	Blumenvogel	14	160
220	Bluten	7	139
221	Blutsverwandt	14	17
222	Brennpunkt	11	39
223	Briefe I (Ich bin eine Weltreise / aus Briefen)	9	119
224	Briefe II (Jeden Tag / kommt der Briefträger)	11	11
225	Briefe III (Brief aus Rosen)	13	124
226	Briefe IV (Ich lebe in einem Raum)	14	158
227	Bring mich zurück	7	23
228	Bruchteil	6	48
229	Brücken	11	104
230	Bruder	10	182
231	Brüder	11	88
232	Bruder im Exil	5	22
233	Bruder Vogel	9	126
234	Buch	11	42
235	Buchenblatt	10	111
236	Buchmesse	14	173
237	Bukowina I (Tannenberge. Grüne Geister)	4	5
238	Bukowina II (Landschaft die mich / erfand)	7	64
239	Bukowina III (Grüne Mutter / Bukowina)	7	122
240	Bukowina IV (Grüner Walddiamant)	12	11
241	Central Park im August	12	15
242	Cézanne	5	162
243	Cézanne im Central Park	4	149
244	Chagall	7	36
245	Chagallisch	10	137
246	Chance	11	36
247	Chinatown	5	29
248	Choreographie	8	30
249	Computerlyrik	4	193
250	Constantin Brunner	1	174
251	Credo	12	56
252	Czernowitz I (Gestufte Stadt / im grünen Reifrock)	5	10
253	Czernowitz II (Silberne Pruthsprache)	12	10
254	Czernowitz vor dem Zweiten Weltkrieg	12	12
255	Da werden unsre Herzen klein	1	72

GW 8   –
GW 1   50 lyrische Gedichte, o. J., o. O., Freigabestempel der
        russischen Zensur 1945
GW 8   –
NR   –
GW 8   –
MV   –
ES   –
ED   Nacht, Pfaffenweiler Presse, Pfaffenweiler 1981
DT   –
GW 8   –
GG   –
OV   Rheinische Post, Düsseldorf, 30. 3. 1974
MV   –
MA   Jahresring 80/81, Deutsche Verlags-Anstalt, Stuttgart 1980
MV   –
BS   –
ES   –
MV   –
MA   –
GW 8   –
GW 2   –
GG   –
NR   –
S   –
S   –
G   –
GW 2   –
GG   –
MA   –
MV   –
BS   –
D   –
GW 2   –
GW 1   Constantin-Brunner-Heft, 2. Folge, Tel Aviv (?) 1947
GW 7   DIE ZEIT Nr. 30, Hamburg, 22. 7. 1983

GW 2   Die Stimme, Tel Aviv, Ostern 1963
S   –
S   –
DR   –

Nr.	Titel	Bd.	Seite
256	Da wohne ich	13	47
257	Daheim	10	23
258	Dahin	9	149
259	Damit	11	127
260	Damit kein Licht uns liebe	5	112
261	Dankbar	14	28
262	Dann	12	61
263	Daran	7	113
264	Das Alter	4	96
265	Das Auge I (Es staunt der Fels, der ragt vor seiner Sicht)	1	83
266	Das Auge II (Ein Zartoval, zwei Kreise, feuchter Glanz)	2	90
267	Das Auge III (Schmelz der Regenbogenhaut)	6	49
268	Das Bleibende	7	172
269	Das dividierte Gesicht	5	16
270	Das Dorf Sonntag	5	96
271	Das Eine	9	18
272	Das Einmaleins	5	60
273	Das Ende	7	19
274	Das Erbe I (Wo / in der österreichlosen Zeit)	6	102
275	Das Erbe II (Es ist an der Zeit / das Erbe zu verteilen)	12	70
276	Das erste Erbe	5	76
277	Das Fest	5	142
278	Das Gleiche	6	75
279	Das Glück	11	116
280	Das große Spiel	1	139
281	Das Karussell	5	31
282	Das Lächeln	9	154
283	Das laufende Band	1	12
284	Das Leben braust	1	99
285	Das Leben entflieht	2	22
286	Das Licht	6	145
287	Das Lied der Sommerzeit	2	52
288	Das Loch	14	11
289	Das Märchen vom goldnen Buch	11	46
290	Das Mosaik	4	195
291	Das Netz	7	146
292	Das Ohr	7	38

DT	–
E	–
ES	–
MV	–
BS	Der Aufbau, New York, 18. 10. 1957
GW 8	–
SS	–
NR	–
GW 2	–
DR	–
GW 1	–
OV	Rheinische Post, Düsseldorf, 12. 1. 1974
NR	Rheinische Post, Düsseldorf, 10. 1. 1976
BS	–
BS	–
ES	–
BS	–
GG	–
AZ	Literatur und Kritik Nr. 86/87, Otto Müller Verlag, Salzburg 1974
SS	–
BS	–
G	WDR I, Köln, 22. 7. 1966
OV	–
MV	–
GW 1	–
BS	–
ES	–
GW 1	Der Tag, Czernowitz, 19. 6. 1932
DR	–
GW 1	–
GW 3	Der Aufbau, New York, 18. 12. 1970
GW 1	–
GW 8	–
MV	–
GW 2	–
NR	–
GG	–

Nr.	Titel	Bd.	Seite
293	Das Parfum	4	153
294	Das plötzliche Land	5	47
295	Das Reh im Wald / ist meine Schwester	12	158
296	Das Schönste	8	17
297	Das Signal	5	21
298	Das Spital	5	64
299	Das Stäubchen	7	143
300	Das Tier mit den goldnen Gedärmen	4	81
301	Das / Traumkrokodil / kommt wieder	13	207
302	Das Treffen	2	83
303	Das Unbekannte	14	68
304	Das Unersättliche	14	74
305	Das unhörbare Herz	5	43
306	Das Vergangene	10	80
307	Das Verschwiegene	14	171
308	Das vollendete Gedicht	2	38
309	Das Weiß einer Säule / aus dem weißen Athen	13	152
310	Das Weißeste	8	93
311	Das Wetter	5	56
312	Das Wort I (Am Anfang / war das Wort)	10	136
313	Das Wort II (Es klopft nicht an die Tür)	13	123
314	Das Wunder wartet	10	9
315	Das Zeichen	10	132
316	Das Ziel	6	135
317	Daß jeder teilhabe	2	86
318	Daß sie schmelze	11	136
319	Dazwischen	14	192
320	Dehnen	9	151
321	Dein Eigentum I (Atem holen / aus dir / Erde)	13	45
322	Dein Eigentum II (Das fremde Leben / dein eigenes Reich)	13	46
323	Dein erstes Wort	1	129
324	Dein Haus	6	112
325	Dein Herz / ist echt	12	152
326	Dein Körper	6	50
327	Dein Wesen zu erhöhen	2	39
328	Deine Farbe	9	123
329	Deine Heimatstadt	12	47
330	Deine geatmete Welt	4	197

OV	EV
GW 2	–
BS	–
IZ	–
D	Südostdeutsche Vierteljahresblätter Nr. 3, München 1977
BS	–
BS	Der Aufbau, New York, 31. 5. 1957 (frühe Fassung)
NR	–
GW 2	–
IS	–
GW 1	–
GW 8	–
GW 8	–
BS	–
MA	–
GW 8	–
GW 1	–
IS	Festtag in Manhattan, Pfaffenweiler Presse, Pfaffenweiler 1985
M	–
BS	–
MA	–
DT	–
E	–
MA	–
AZ	–
GW 1	–
MV	–
GW 8	–
ES	–
DT	–
DT	–
DR	Klingsor, VIII. Jg., Nr. 10, Kronstadt 1931
AZ	Sie schreiben zwischen Goch und Bonn, Peter Hammer Verlag, Wuppertal 1975
IZ	–
OV	–
GW 1	–
ES	–
S	–
GW 2	–

Nr.	Titel	Bd.	Seite
331	Dem Meer zu	10	27
332	Denn	10	169
333	Dennoch	11	49
334	Dennoch Rosen / sommerhoch	13	131
335	Dennoch vereint	13	44
336	Den Weg finden	9	20
337	Der Acker meines Herzens	1	130
338	Der alles weiß	1	137
339	Der Atem	2	46
340	Der Auferstandene / küßt	13	156
341	Der Ball	14	108
342	Der Baum	11	92
343	Der Bergwald	2	47
344	Der Bildhauer	1	89
345	Der Blinde	7	161
346	Der blinde Gott	2	30
347	Der Briefträger	4	79
348	Der Brunnen I (Der Brunnen wartet die Kühle ist bereit)	4	77
349	Der Brunnen II (Im verbrannten Hof / steht noch der Brunnen)	6	113
350	Der Brunnen III (Ich komme zurück / zum Brunnen)	11	141
351	Der Bus	4	106
352	Der Dämon der Stadt	1	9
353	Der Dichter	12	57
354	Der Dom	4	198
355	Der Dornbusch	8	36
356	Der düstre Glanz	2	51
357	Der einfache Tag	5	40
358	Der Engel in dir	9	152
359	Der Erde zu	1	106
360	Der Falter	8	33
361	Der Feierabend	1	13
362	Der Feuerfisch	5	77
363	Der Fleißige	1	45
364	Der Fluch I (Gefährte aus dem Kolibriland)	2	115
365	Der Flügelteppich	5	93
366	Der Friedhof	2	110

OV	EV
E	–
MA	–
MV	–
IS	–
DT	–
ES	–
DR	–
GW 1	–
GW 1	–
IS	Festtag in Manhattan, Pfaffenweiler Presse, Pfaffenweiler 1985
GW 8	–
MV	–
GW 1	–
DR	–
NR	–
GW 1	–
GW 2	–
GW 2	–
AZ	–
MV	–
GW 2	–
GW 1	–
–	Erster Almanach 1974–1984, Pfaffenweiler Presse, Pfaffenweiler 1983
GW 2	–
D	–
GW 1	–
BS	–
ES	–
DR	–
D	–
GW 1	Der Tag, Czernowitz, 14. 8. 1932
BS	–
GW 1	Der Tag, Czernowitz 1932
GW 1	–
BS	–
GW 1	–

Nr.	Titel	Bd.	Seite
367	Der Garten	12	73
368	Der Gipfel	14	69
369	Der Gobelin	5	179
370	Der goldene Berg	11	38
371	Der Graue	4	156
372	Der Himmel I (Er hat seine Masken abgelegt)	7	43
373	Der Himmel II (Meine Mutter / schenkte mir die Erde)	11	126
374	Der Hudson	12	16
375	Der Kahn	8	112
376	Der Karpatenriese	5	110
377	Der Kuckuck zaubert	5	69
378	Der letzte Vollmond	4	76
379	Der Löwenzahn	4	202
380	Der Mensch	11	146
381	Der Mohn ist noch nicht rot	4	72
382	Der Moment	5	61
383	Der Mond I (Der Mond / eingeschlummert im)	4	203
384	Der Mond II (Ehernes Gesetz / abgeblättert)	13	87
385	Der Morgen	12	68
386	Der Nabel	9	25
387	Der nächste April	5	81
388	Der Name	4	159
389	Der / Nordwind / umarmt meine / Angst	13	228
390	Der Pfad war verwachsen	4	71
391	Der Pfau	2	100
392	Der Regen / klopft / an meine Tür	12	169
393	Der Ring	14	208
394	Der Ritt	1	63
395	Der Schatten	4	67
396	Der Schlüssel	6	87
397	Der Seher	11	95
398	Der sie von innen her kennt	4	66
399	Der Sommer / feiert Geburtstag	13	210
400	Der sterbende Poet	4	14
401	Der Tag	11	135
402	Der unbekannte Soldat	14	114
403	Der unheimliche Fremde	4	62
404	Der Unmündige	2	41
405	Der Ur-Baum	4	42
406	Der Vater	5	98

OV	EV
SS	–
GW 8	–
G	Quadrat, Göhringer Verlag, Duisburg 1966
MV	–
GW 2	–
GG	–
MV	–
S	–
M	–
BS	–
BS	–
GW 2	–
GW 2	–
MV	–
GW 2	–
BS	–
GW 2	–
DT	–
SS	–
ES	–
BS	–
GW 2	–
IS	–
GW 2	–
GW 1	–
IZ	–
GW 8	–
DR	–
GW 2	–
AZ	–
MV	–
GW 2	–
IS	–
GW 2	–
MV	–
GW 8	–
GW 2	–
GW 1	–
GW 2	–
BS	–

Nr.	Titel	Bd.	Seite
407	Der Vogel	9	98
408	Der Wald erzählt	16	9
409	Der Waldberg	2	24
410	Der Wanderer	2	15
411	Der Weg	13	27
412	Der Wind	2	92
413	Der Zeiger macht einen Schritt	4	160
414	Des Dichters Brauch	2	53
415	Des Geliebten Nächte	1	116
416	Des Kaisers	4	133
417	Detail aus dem Totentanz	7	162
418	Deutlich leuchten / die Augen der Nacht	12	130
419	Dezember	4	132
420	Dialog	10	64
421	Dialoge	7	119
422	Dich lieben, Lieb	1	31
423	Dichten	6	81
424	Dichterbildnis Elieser Steinbarg	1	90
425	Dichterbildnis Itzig Manger	1	91
426	Dichtung	14	165
427	Die alte Muhme	1	44
428	Die Amsel	9	66
429	Die Angeklagten	11	48
430	Die Antwort	2	40
431	Die Architekten	7	58
432	Die Auferstandenen	10	77
433	Die Bäume	14	23
434	Die Bäume binden	1	125
435	Die Blinde	14	179
436	Die Blinden sehen	10	32
437	Die Botschaft	8	73
438	Die Brunnen	2	54
439	Die Bucklige	1	43
440	Die bunte Rosette / von Chartres	12	129
441	Die Dolomiten	12	29
442	Die Entkleidete	10	22
443	Die Erde / gibt mir	12	126
444	Die Erde flach	10	99
445	Die Erste	7	75

ES	–
–	Vorwärts, 53. Jg., Nr. 20, New York, 17. 5. 1930
GW 1	–
GW 1	–
DT	–
GW 1	–
GW 2	–
GW 1	–
DR	Klingsor, X. Jg., Nr. 4, Kronstadt 1933
GW 2	–
NR	–
IZ	–
GW 2	–
GW 6	Jahrbuch für Lyrik 3, Athenäum Verlag, Königstein/ Taunus 1981
NR	–
GW 1	–
AZ	ZEIT-Magazin Nr. 42, Hamburg 1974
DR	Der Tag, Czernowitz, 10. 4. 1932
DR	Czernowitzer Allgemeine Zeitung, Czernowitz 1933
GW 8	–
GW 1	Vermutlich: Czernowitzer Allgemeine Zeitung, Czernowitz 1932
ES	–
MV	–
GW 1	–
GG	Jahresring 75/76, Deutsche Verlags-Anstalt, Stuttgart 1975
MA	–
GW 8	–
DR	–
GW 8	–
E	–
D	–
GW 1	–
GW 1	Der Tag, Czernowitz, 24. 7. 1932
IZ	–
S	–
E	–
IZ	DIE ZEIT Nr. 41, Hamburg, 7. 10. 1983
MA	–
GG	–

Nr.	Titel	Bd.	Seite
446	Die ersten Takte	4	69
447	Die festliche Stunde	1	107
448	Die / Finsternis wächst	13	133
449	Die Fliege	4	61
450	Die Flocken flogen	1	123
451	Die Formel	9	86
452	Die Fremden	5	23
453	Die Gefährten	6	95
454	Die Gefahr	6	108
455	Die gelbe Maske	4	59
456	Die Glocken horchen	4	13
457	Die Götter	8	43
458	Die Hand	14	88
459	Die Harfe / ist mein Instrument	12	151
460	Die Himmelsdinge lieben	4	56
461	Die Hoch-Zeit	4	55
462	Die Insel	5	59
463	Die Insel schwimmt / an meine Brust	12	150
464	Die Kamee	4	53
465	Die Kugel	8	52
466	Die Lawine	8	35
467	Die Märchen	10	98
468	Die Maus / hat ihre / Federn verloren	13	187
469	Die Menschen	10	186
470	Die Minuten	5	123
471	Die Muschelblume	2	43
472	Die Musik ist zerbrochen	4	12
473	Die Mutter	2	109
474	Die nach Osten träumen	4	11
475	Die Nacht I (Die Nacht)	14	34
476	Die Nacht II (Die Nacht lehnt an)	14	203
477	Die Nacht beleben	13	43
478	Die Nacht hat	4	131
479	Die Nächsten	8	152
480	Die novembernen Menschen	4	49
481	Die Nymphen	4	70
482	Die Pappel	12	72
483	Die Quellen I (Trink nicht so hastig, sieh der Brunnen steht)	1	162

GW 2	–
DR	–
IS	–
GW 2	–
DR	–
ES	–
BS	–
AZ	Literatur und Kritik Nr. 86/87, Otto Müller Verlag, Salzburg 1974
AZ	–
GW 2	–
GW 2	–
D	–
GW 8	–
IZ	–
GW 2	–
GW 2	–
BS	–
IZ	–
GW 2	–
D	–
D	–
MA	Literatur und Kritik Nr. 142, Otto Müller Verlag, Salzburg 1980
IS	–
MA	Jahresring 80/81, Deutsche Verlags-Anstalt, Stuttgart 1980
GW 3	Radio Bremen, Bremen, 16. 3. 1966
GW 1	–
GW 2	–
GW 1	–
GW 2	–
GW 8	–
GW 8	–
DT	–
GW 2	–
M	Wer ist mein Nächster?, Herder Verlag, Freiburg 1977
GW 2	–
GW 2	–
SS	–
GW 1	–

Nr.	Titel	Bd.	Seite
484	Die Quellen II (Die Quellen murmeln ferne)	2	55
485	Die Rose welkt	11	100
486	Die Schere	6	148
487	Die Schnecke	7	184
488	Die Schönheit	1	157
489	Die Schweiz	12	33
490	Die Sekunde	4	137
491	Die Sekunden	8	28
492	Die sieben Tulpen	4	17
493	Die Söhne	1	166
494	Die Sonne / der Regenbogen	13	243
495	Die Sonne fällt	11	67
496	Die Spiegel	1	82
497	Die Spinne	14	101
498	Die Spitze	13	121
499	Die Spur	7	117
500	Die Sterne	8	67
501	Die Stille	4	151
502	Die Stirne	7	118
503	Die stolze, große, grellgeputzte Stadt	1	14
504	Die Stunde nach	1	17
505	Die Tage des Schweigens / sind noch nicht vorbei	13	163
506	Die Tauben	4	183
507	Die Tür	5	45
508	Die Uhr	6	9
509	Die Vermittlung	2	58
510	Die Verschollenen	1	144
511	Die vorletzte Andacht	4	47
512	Die Welt	6	150
513	Die Zeit I (Wird kommen die Zeit)	7	200
514	Die Zeit II (Die Zeit / ist mein Freund)	10	18
515	Die Zeit III (Mit zahllosen Händen / greift die Zeit)	12	82
516	Die Zelle	10	185
517	Die Zigarette	5	7
518	Dienen I (Ich diene / meinem Schmerz)	9	14
519	Dienen II (Ich habe Flügel und / viele Gestalten)	11	84
520	Diese alten Häuser	4	10

GW 1 –
MV   Doch die Rose ist mehr, Bundes Verlag, Witten 1982
GW 8 –
NR   –
GW 1 Neue Literatur Nr. 4, Bukarest 1981
S   –
GW 2 –
D   –
GW 2 –
GW 1 –
IS   –
MV   –
DR   New Yorker Volkszeitung, 52. Jg., Nr. 280, New York,
      22. 11. 1929 (1. Fassung)
GW 8 –
DT   –
NR   –
D   –
GW 2 –
NR   –
GW 1 –
GW 1 Der Tag, Czernowitz, 7. 8. 1932

IS   –
GW 2 –
BS   –
I   –
GW 1 –
GW 1 Neue Literatur Nr. 4, Bukarest 1981
GW 2 –
GW 3 Rheinische Post, Düsseldorf, 24. 2. 1973
NR   –
E   –

SS   –
MA   –
GW 2 Der Aufbau, New York, 26. 7. 1957
ES   –

MV   –
GW 2 –

Nr.	Titel	Bd.	Seite
521	Diese Blume / ist augenschön	12	149
522	Diogenes	11	112
523	Don Quixote I (Ich liebe meinen Ritter der mit Mühlen kämpft)	4	9
524	Don Quichotte II (Ich Dulcinea / warte auf meinen Ritter)	11	13
525	Doppelspiel	8	22
526	Doppelt	5	156
527	Dorf in der Bukowina	5	107
528	Dorn	14	154
529	Dornen	13	88
530	Drehen	8	122
531	Drei	14	103
532	Drei Buchstaben	6	61
533	Dreizehn Knospen	11	14
534	Droste I (Gedenk der Locken)	10	128
535	Droste II (Die Burg)	14	18
536	Du	9	125
537	Du bist / unwiderstehlich	12	127
538	Du bist die Stimme	8	145
539	Du bist ein Rätsel	1	102
540	Du bist es	11	60
541	Du bist frei	8	9
542	Du brauchst die Priesterin	2	103
543	Du erfährst	12	38
544	Du freust dich	10	105
545	Du herrliches / Paris	12	126
546	Du legst dein Licht	1	95
547	Du merkst nicht	8	57
548	Du reichtest mir	1	97
549	Du reifst in mir	1	118
550	Du suchst dich	9	140
551	Du und dein Bild	4	98
552	Du und ich	8	29
553	Du vergißt	8	123
554	Du wanderst / in der schwarzen Stadt	12	148
555	Du warst / kein Versprechen	13	138
556	Du warst so fern	1	98
557	Du weißt	9	19

IZ	DIE ZEIT Nr. 14, Hamburg, 7. 10. 1983
MV	–
GW 2	–
ED	–
D	–
G	–
BS	–
GW 8	–
DT	–
M	–
GW 8	–
OV	Akzente Nr. 3, Hanser Verlag, München 1974
ED	–
MA	Neue Rundschau, 91. Jg., Heft 4, S. Fischer Verlag, Frankfurt/Main 1980
GW 8	–
ES	German-American Studies, Vol. II, No. 2, Youngstown, Ohio 1970
IZ	–
M	–
DR	–
MV	Doch die Rose ist mehr, Bundes Verlag, Witten 1982
GW 5	Es ist alles anders, Pfaffenweiler Presse, Pfaffenweiler 1977
GW 1	–
S	–
MA	–
IZ	–
DR	–
D	–
DR	–
DR	–
ES	Akzente Nr. 1/2, Hanser Verlag, München 1979
GW 2	–
D	–
M	–
IZ	DIE ZEIT Nr. 41, Hamburg, 7. 10. 1983
S	–
DS	–
ES	VS Vertraulich, Bd. II, Goldmann Verlag, München 1978

Nr.	Titel	Bd.	Seite
558	Dulcinea	11	144
559	Dunkle Legende / von Blut zu Blut	13	247
560	Durch die Zeit	9	150
561	Durch ein / Sternenfeld / schreiten	13	248
562	Durchsichtig	6	146
563	Ebenbild	6	21
564	E. E. Cummings	5	39
565	Eidechse	11	110
566	Ein bißchen	8	124
567	Ein böses Zeichen	1	148
568	Ein Echo	2	59
569	Ein Grünmitdirsein	4	48
570	Ein Hauch	1	51
571	Ein Lächeln	1	158
572	Ein Lied / erfinden	12	147
573	Ein Märchen I (Ein Mensch wandert)	8	61
574	Ein Märchen II (Im Pruth hüpften die)	14	187
575	Ein Stück weiter	9	136
576	Ein Tag eine Nacht	5	90
577	Ein Tag im Exil	5	140
578	Ein Zeichen	8	126
579	Eine kleine Nachtmusik	14	29
580	Eine Linie	10	76
581	Eine neue Welt	1	165
582	Eine spurlose Hand	4	119
583	Eine Stunde Vergessen	9	59
584	Eine Weile	1	73
585	Einen Augenblick	10	97
586	Einen Drachen reiten	11	7
587	Einer den andern	6	7
588	Eingeritzt	8	125
589	Eingeschneit	9	148
590	Einheitsstaub	6	68
591	100° Fahrenheit	5	34
592	Einladung	7	35
593	Einsame Weihnachten	2	105
594	Einsamkeit I (Die Poren saugen sie auf)	5	92
595	Einsamkeit II (Wahrgeworden / Die Weissagung)	7	85
596	Einsamkeit III (In allen Ländern / hausen Barbaren)	10	168

OV	EV
MV	–
IS	–
ES	–
IS	–
GW 8	–
GG	Literatur und Kritik Nr. 86/87, Otto Müller Verlag, Salzburg 1974
BS	–
MV	–
M	–
GW 1	–
GW 1	–
GW 2	–
DR	–
GW 1	–
IZ	DIE ZEIT Nr. 41, Hamburg, 7. 10. 1983
D	–
GW 8	–
ES	Akzente Nr. 1/2, Hanser Verlag, München 1979
GW 2	–
G	–
M	Es ist alles anders, Pfaffenweiler Presse, Pfaffenweiler 1977
GW 8	–
MA	–
GW 1	–
GW 2	–
ES	–
DR	–
MA	–
ES	–
I	–
M	–
ES	–
OV	–
BS	–
GG	–
GW 1	–
BS	–
GG	–
MA	–

Nr.	Titel	Bd.	Seite
597	Einsicht	11	102
598	Eintreten / in das Doppelgesicht	12	146
599	Einverleibt	13	42
600	Einverständnis I (Mit Tausendworten)	8	79
601	Einverständnis II (Die Rose und ich)	10	26
602	Einverständnis III (Auf dem Gipfel trat)	11	33
603	Einverstanden I (Ich bin / mit allem einverstanden)	8	48
604	Einverstanden II (Mein Freund und ich)	12	111
605	Einzug	6	94
606	Elektrisches Lächeln	5	17
607	Eliblau	2	80
608	Else Lasker-Schüler I (Ihren langen Atem)	7	32
609	Else Lasker-Schüler II (Im Morgenland)	8	40
610	Emanuel Romano	10	140
611	Empire State Building	4	171
612	Ende der Weisheit	11	111
613	Entfernt	11	99
614	Entfremdung	5	151
615	Entrissenes Herz	1	110
616	Entwurzelt	5	116
617	Epoche	10	25
618	Erbarme dich / Herr / meiner Leere	12	114
619	Erdbeben in Bukarest	12	13
620	Erde I (Ich bin im Zimmer)	6	132
621	Erde II (Grüne Kugel / schwarze Kugel)	12	41
622	Erdverwurzelt	12	76
623	Erfahrung I (Mit der Schnecke im Schritt)	4	101
624	Erfahrung II (Erfahrung sammeln)	7	11
625	Erfahrung III (Morariusgasse / hier wohnen wir)	9	138
626	Erfinden	11	139
627	Erfindung	9	21
628	Erhöre meine Bitte / Herr	12	145
629	Erinnerung	11	69
630	Erinnerung an Frau M.	14	97
631	Erinnerungen	10	75
632	Erkenntnis	6	76
633	Erkranktes Feuer	4	44
634	Erlaubnis	9	137
635	Erschaffen	7	163

OV	EV
MV	–
IZ	–
DT	–
D	–
E	–
MV	–
D	–
IZ	–
AZ	neues rheinland Nr. 12, Rheinland Verlag, Düsseldorf 1968
BS	–
GW 1	–
GG	–
D	–
MA	–
GW 2	–
MV	–
MV	–
G	–
DR	Vorwärts, 53. Jg., Nr. 5, New York, 1. 2. 1930 (1. Fassung)
BS	–
E	–
IZ	DIE ZEIT Nr. 41, Hamburg, 7. 10. 1983
S	–
AZ	–
S	–
SS	–
GW 2	–
GG	–
ES	–
MV	–
ES	–
IZ	DIE ZEIT Nr. 41, Hamburg, 7. 10. 1983
MV	–
GW 8	–
MA	–
OV	–
GW 2	–
ES	–
NR	–

Nr.	Titel	Bd.	Seite
636	Erscheine / Kern der Wahrheit	12	144
637	Erstgeburt	14	12
638	Erwachen I (Aus zerrütteten Träumen)	6	26
639	Erwachen II (Ich erwache)	8	127
640	Erwartung I (An unserer Stirn / wetzt der Wind)	9	139
641	Erwartung II (Mit einem Winterwort)	11	142
642	Erwartung und Wandlung	5	54
643	Erzähl mir	10	70
644	Es bleibt noch	7	103
645	Es flog ein Blütenblatt herein	1	145
646	Es harren die Lieder	1	69
647	Es heißt	10	36
648	Es ist wahr	10	92
649	Es regnet	6	39
650	Es schneit	1	56
651	Es war einmal I (Als ich / Mutter sang)	10	16
652	Es war einmal II (Es war einmal / ein Märchenerzähler)	11	70
653	Es war einmal III (Ausgestorbene Wesen / Engel)	12	79
654	Es war einmal IV (Es war einmal / ein Ganzes)	13	89
655	Es wendet sich das Spiel	1	168
656	Es wird dafür gesorgt	14	75
657	Etüden	6	74
658	Eulenzeit	7	88
659	Eva	2	44
660	Evalose Zeit	5	58
661	Ewigewig Sommer	4	120
662	Existenz	9	35
663	Falle	13	90
664	Fallen	5	175
665	Fanatisch	14	89
666	Farben I (Ich werde nicht müde)	6	147
667	Farben II (Wieder runden sich die Rosen)	9	141
668	Färben I (Ich schneide grün die Bäume)	10	10
669	Färben II (Trommelfeuer weckte)	10	35
670	Fast	7	45
671	Fastnacht	11	120
672	Februar	11	57
673	Federn	7	203

NR	–
GW 8	–
OV	–
M	–
ES	–
MV	–
BS	–
MA	–
GG	–
GW 1	–
DR	–
E	–
MA	–
OV	–
DR	–
E	–
MV	–
SS	–
DT	–
GW 1	–
GW 8	–
OV	–
GG	–
GW 1	–
BS	–
GW 2	–
ES	–
DT	–
G	–
GW 8	–
GW 3	Rheinische Post, Düsseldorf, 28. 6. 1969
ES	–
E	–
E	–
GG	–
MV	–
MV	–
NR	Jahresring 75/76, Deutsche Verlags-Anstalt, Stuttgart 1975

Nr.	Titel	Bd.	Seite
674	Feiern	14	167
675	Feiertage	12	81
676	Ferngespräch	6	84
677	Festnächte	11	150
678	Festtag in Manhattan	12	17
679	Feuerzeichen	10	176
680	Fieber I (So stiegen Flut und Angst)	7	168
681	Fieber II (Rot grüßt die Azalee)	7	54
682	Figur von Picasso	5	74
683	Finden I (Suche finde das Wort)	7	13
684	Finden II (Mit allen Worten)	8	13
685	Finden III (Ich finde / was ich nicht suchte)	12	74
686	Finden IV (Tiefe Trauer / helle Freude)	13	91
687	Fischzug	7	169
688	Fliehend	10	11
689	Florenz / wunderbare Stadt	12	175
690	Flucht I (Luft / die flüchtende)	9	142
691	Flucht II (Flucht / zur Schlaraffenwiese)	14	201
692	Flucht der Jahreszeiten	14	24
693	Flüchtiger Frühling	5	173
694	Flugsand / die Stadt steht / im Blitz	13	244
695	Flugwort	9	89
696	Fontäne	14	35
697	Fortschritt II (Wörter / vom Computer verschlungen)	12	90
698	Fortsetzung	12	62
699	Frage	13	41
700	Fragebogen	6	107
701	Fragen	9	71
702	Fragezeichen	8	128
703	Frei wollen Dinge	2	61
704	Freiheit	11	143
705	Fremde I (Sterne / im Andrang des Dunkels)	4	172
706	Fremde II (Unser Schiff / ohne Fahne)	5	143
707	Fremder	13	86
708	Fremdwort	6	63
709	Freunde I (Wenn ich mich freue)	9	117
710	Freunde II (Gefieder / durchsichtig)	13	93
711	Freund / du warst / ein Irrtum	13	182

GW 8	–
SS	–
AZ	Rheinische Post, Düsseldorf, 15. 4. 1967
MV	–
S	–
MA	–
NR	–
GG	–
BS	–
GG	–
GW 5	Südostdeutsche Vierteljahresblätter Nr. 3, München 1977
SS	–
DT	–
NR	Rheinische Post, Düsseldorf, 21. 5. 1967
E	–
IZ	–
ES	–
GW 8	–
GW 8	–
G	–
IS	–
ES	–
GW 8	–
SS	Die Paradiese in unseren Köpfen, Arena Verlag, Würzburg 1983
SS	–
DT	–
AZ	–
ES	–
M	Rheinische Post, Düsseldorf, 11. 9. 1971
GW 1	–
MV	–
GW 2	–
G	–
DT	–
OV	Jahresring 74/75, Deutsche Verlags-Anstalt, Stuttgart 1974
ES	–
DT	–
IS	Neue Rundschau, 97. Jg., Heft 1, S. Fischer Verlag, Frankfurt/Main 1986

Nr.	Titel	Bd.	Seite
712	Freundschaft / mit dem / Mondmann	13	161
713	Freundschaft / mit der / Mondin	13	203
714	Friedhof	10	55
715	Frieren	11	117
716	Frisch färben	13	94
717	Froschperspektive	4	123
718	Frost I (Im Siebenmeilenschlitten)	13	40
719	Frost II (Gefrorenes Feuer)	14	102
720	Frühling	10	12
721	Führ uns / aus der Arktis	13	236
722	Füllhorn	14	45
723	Fünf Dichter	7	30
724	Fünkchen Zeit	9	68
725	Für den Krieg	14	51
726	Für dich	14	178
727	Für P. A.	2	101
728	Furcht	10	167
729	Gäbe es	8	129
730	Ganz bleiben	8	90
731	Geadelt	4	205
732	Geburt	2	62
733	Geburtstag I (Der Geburtstag / wird immer schwerer)	11	72
734	Geburtstag II (Elf Maikäfer / haben mich geboren)	13	39
735	Geburtstag im Mai	10	44
736	Gedächtnis I (Wälder umgrünen / Berge besteigen)	7	12
737	Gedächtnis II (Steine / zählen deine Schritte)	13	59
738	Gedicht	12	71
739	Geduld	8	38
740	Gefangen	10	173
741	Gegen	14	121
742	Gegen den Strom	13	120
743	Geglückte Flucht	11	43
744	Geh auf	8	91
745	Geheimnis	9	58
746	Gehen	10	13
747	Gehorchen	9	7
748	Geisterweg	1	149

OV	EV
IS	Festtag in Manhattan, Pfaffenweiler Presse, Pfaffenweiler 1985
IS	–
E	–
MV	–
DT	–
GW 2	–
DT	–
GW 8	–
E	–
IS	–
GW 8	–
GG	–
ES	–
GW 8	–
GW 8	–
GW 1	–
MA	–
M	Jahresring 77/78, Deutsche Verlags-Anstalt, Stuttgart 1977
M	–
GW 2	–
GW 1	–
MV	–
DT	–
E	–
GG	–
DT	–
SS	–
D	–
MA	–
GW 8	–
DT	–
MV	–
M	–
ES	–
E	–
GW 5	Schnittlinien, Claassen Verlag, Düsseldorf 1979
GW 1	–

Nr.	Titel	Bd.	Seite
749	Geklärt	10	116
750	Gemeinsam I (Vergesset nicht / Freunde)	8	69
751	Gemeinsam II (Regen hat uns getauft)	11	84
752	Gemessen	9	52
753	Generationen	6	67
754	Genügsam	11	113
755	Genug / Herz verschleudert	13	226
756	Georg Trakl	6	118
757	Gericht	6	25
758	Gertrude	11	140
759	Gesagt verschwiegen	9	160
760	Geschenk	10	146
761	Geschwister	14	198
762	Gespräch mit dem Wind	5	177
763	Gestern	6	27
764	Gestörte Idylle	2	65
765	Getröstet	7	141
766	Getroffen	10	29
767	Geweckt	12	77
768	Gewitter I (Ein Vesuv ist heut' der Himmel)	1	42
769	Gewitter II (Diese Windstille / vor dem Sturm)	9	51
770	Gewürfelt	10	175
771	Gib	12	63
772	Gib auf	13	250
773	Gib mir	8	41
774	Gib mir dein	1	117
775	Gib Kunde	14	193
776	Gilcos	6	121
777	Gipfel	10	166
778	Glanz	7	111
779	Glaskugeln sind wir	2	45
780	Glasscherben	13	38
781	Glauben I (Wir beten zum Berg / um Glauben)	4	166
782	Glauben II (Ich glaube an die Wunder)	8	89
783	Gläubiges Märchen	8	42
784	Gleichgewicht	13	56
785	Glocken	11	45
786	Glück I (Dem eine Stunde schlägt)	4	99

MA	–
D	–
MV	–
ES	–
OV	–
MV	–
IS	–
AZ	Literatur und Kritik Nr. 86/87, Otto Müller Verlag, Salzburg 1974
OV	Lyrik aus dieser Zeit, Bechtle Verlag, Esslingen 1967
MV	–
ES	–
MA	–
GW 8	–
G	–
OV	–
GW 1	–
NR	–
E	–
SS	–
GW 1	Der Tag, Czernowitz, 2. 7. 1932
ES	–
MA	–
SS	–
IS	–
D	–
DR	–
GW 8	–
AZ	Engel der Geschichte 19/20, Claassen Verlag, Düsseldorf 1973
MA	–
NR	–
GW 1	–
DT	–
GW 2	–
M	Neue Rundschau, 88. Jg., Heft 4, S. Fischer Verlag, Frankfurt/Main 1977
D	–
DT	–
MV	–
GW 2	–

Nr.	Titel	Bd.	Seite
787	Glück II (Der Traum von Glück)	9	42
788	Glück III (Auf der Suche nach einem)	10	115
789	Glück kaufen	5	155
790	Godot	7	215
791	Gold	14	137
792	Goldgehäuse / aus / Vogelruf und Spinnenweb	13	199
793	Goldne Tage	9	38
794	Goldrausch	7	67
795	Gott / Schöpfer aller Dinge	12	168
796	Goyas schwarze Serie	6	71
797	Grammatikalischer Herbst	5	171
798	Gras I (Verwachsen / mit Junggras)	11	105
799	Gras II (Dein Zipfelchen Zeit / hängt)	12	64
800	Graues Haar	5	138
801	Greis und Mädchen	4	95
802	Große Gemeinde	9	15
803	Großgmain	12	91
804	Grün I (Wie ein Wild verfolgte ich das Grün)	4	41
805	Grün II (Den Wald im Arm)	11	34
806	Grüne Chiffre	14	204
807	Grüne Kräfte	13	37
808	Grüne braune Erde	10	104
809	Grün und Grün	14	161
810	Grundworte	8	23
811	Gruß und Lebewohl	8	151
812	Gut schlecht	9	41
813	Gute alte Zeit	7	188
814	Gute Legende	6	138
815	Guten Morgen	10	178
816	Hab / alle Gesetze / gebrochen	13	229
817	Hades	10	62
818	Halbgott	4	89
819	Halmenzeit	7	29
820	Halt dich fest	4	167
821	Halte sie fest	13	95
822	Hamlet	8	134
823	Handanalyse	4	162
824	Handfläche	12	89
825	Handschrift	14	185
826	Handwerk	8	46

OV	EV
ES	–
MA	–
G	–
GW 4	–
GW 8	–
IS	–
ES	–
GG	–
IZ	–
OV	–
G	–
MV	–
SS	–
G	–
GW 2	–
ES	–
SS	–
GW 2	–
MV	–
GW 8	–
DT	–
MA	–
GW 8	–
D	–
M	–
ES	–
NR	–
AZ	(auch unter dem Titel »Vergiß I« veröffentlicht)
MA	Jahrbuch 1980, 1. Lieferung, Dt. Akademie für Sprache und Dichtung, Verlag Schneider, Heidelberg 1980
IS	
GW 6	Jahresring 81/82, Deutsche Verlags-Anstalt, Stuttgart 1981
GW 2	–
GG	–
GW 2	–
DT	–
M	Jahresring 77/78, Deutsche Verlags-Anstalt, Stuttgart 1977
GW 2	–
SS	–
GW 8	–
D	–

Nr.	Titel	Bd.	Seite
827	HAP Grieshaber	7	40
828	Harlem	5	160
829	Harlem bei Nacht	5	30
830	Harmonie der Mechanik	8	49
831	Harte Musik	13	96
832	Hauchball	10	30
833	Häuser in Manhattans Slums	5	25
834	Haut an Haut	9	34
835	Heim	10	96
836	Heimat I (Dieser herbe Rausch der Fremde)	4	15
837	Heimat II (Du schwimmst / auf dem Meer)	11	124
838	Heimat III (Heimatlosigkeit / die fremde Heimat)	12	45
839	Heimatlos	12	110
840	Heimatstadt	12	9
841	Heimleuchten	13	119
842	Heimlich	10	126
843	Heinrich Heine	6	41
844	Heiterer Morgen	9	23
845	Hell – Dunkel	2	98
846	Heller	12	80
847	Hemmungsloser	2	77
848	Herbst I (Schon trägt die Welt ein gelbes Kleid)	1	40
849	Herbst II (Der Himmel fällt wie eine Frucht)	1	41
850	Herbst III (Die letzten Zugvögel)	5	176
851	Herbst IV (Die goldnen Adern)	6	128
852	Herbst V (Die grüne Maske)	9	26
853	Herbst VI (Auch im Herbst / singen die Vögel)	10	107
854	Herbst in New York	1	15
855	Herbstlich I (Nußbaumblätter / dies Frühlingsaroma im Herbst)	10	54
856	Herbstlich II (Am Morgen / öffnen Fenster)	13	36
857	Herbstlicher Ausschnitt	1	75
858	Herbstverse	4	163
859	Hereingefallen / sind wir	13	135
860	Herkulanischer Tag	5	95
861	Herr und Heimat	4	33
862	Herzkirsche	14	19
863	Heu	7	24

OV	EV
GG	–
G	–
BS	–
D	–
DT	–
E	Rheinische Post, Düsseldorf, 31. 12. 1970
BS	–
ES	–
MA	–
GW 2	–
MV	–
S	–
IZ	–
S	–
DT	–
MA	–
OV	–
ES	–
GW 1	–
SS	–
GW 1	–
GW 1	Der Tag, Czernowitz, 23. 10. 1932
GW 1	Der Tag, Czernowitz, 23. 10. 1932
G	–
AZ	–
ES	Viele von uns denken noch . . . Schwiftinger Galerie Verlag, Schwiftingen 1978
MA	–
GW 1	–
E	–
DT	–
DR	–
GW 2	–
IS	–
BS	–
GW 2	–
GW 8	–
GG	Deutsche Lyrik aus Amerika, Youngstown State University, New York 1969

Nr.	Titel	Bd.	Seite
864	Heumatt	9	28
865	Hexensommer	7	140
866	Hier	9	30
867	Hier, auf der Insel	1	16
868	Hieroglyphen	7	170
869	Himbeeren	14	132
870	Himbeerwald	9	43
871	Himmelsschrift	12	69
872	Himmelsspiel	2	10
873	Hinauf	13	97
874	Hinaus	10	53
875	Hinausschieben	14	199
876	Hinter der Haut	6	11
877	Hinter Jalousien	7	180
878	Hinter Schleiern	2	66
879	Hinter Wänden	8	18
880	Hitzewelle	12	86
881	Hoffnung I (Wir jagen den Hirsch)	4	31
882	Hoffnung II (Wer hofft / ist jung)	8	20
883	Hoffnung III (Häng eine Regenbogenfahne)	8	113
884	Hoffnung IV (Mein / aus der Verzweiflung)	9	17
885	Hoffnung V (Was tun wenn die Nacht)	9	158
886	Hoffnung VI (Das erinnerte Heim)	13	35
887	Hohe Boten	1	147
888	Honigkuchen	9	46
889	Honigwabe	7	171
890	Hörst du	10	139
891	Hörst du / die Flöte	12	143
892	Hörst du / mit heller Stimme	13	212
893	Huldigung	1	155
894	Hundertwasser	10	133
895	Hunger	5	139
896	Hurra	9	39
897	Ich bin der Sand / im Stundenglas	12	142
898	Ich bin / die Königin der Nacht	12	157
899	Ich bin ein Baum / und atme mein	12	125
900	Ich / bin / eine Koralle	13	214
901	Ich bin / im innern Rom / geboren	12	167
902	Ich bin / in ein purpurnes / Glas genäht	13	185
903	Ich / bin Kain	13	140

OV	EV
ES	–
NR	–
ES	–
GW 1	–
NR	–
GW 8	–
ES	–
SS	–
DT	–
DT	–
E	–
GW 8	–
I	–
NR	–
GW 1	–
D	–
SS	–
GW 2	–
D	–
M	–
ES	–
ES	–
DT	–
GW 1	–
ES	–
NR	Tür an Tür, Bergland Verlag, Wien 1970
MA	–
IZ	–
IS	–
GW 1	–
MA	–
G	–
ES	–
IZ	–
IZ	–
IZ	DIE ZEIT Nr. 41, Hamburg, 7. 10. 1983
IS	–
IZ	–
IS	Neue Rundschau, 97. Jg., Heft 1, S. Fischer Verlag, Frankfurt / Main 1986
IS	–

Nr.	Titel	Bd.	Seite
904	Ich bin mit Füchsen / gesegnet	13	171
905	Ich bin / mit jedem Du / verwandt	13	222
906	Ich bin / schon lange verschollen	13	154
907	Ich danke / den Göttern	13	151
908	Ich denke	8	45
909	Ich / eine kleine Blume	13	143
910	Ich entdecke / im Herzen der Sonne	13	160
911	Ich / fühl es	13	189
912	Ich geh / mit meinen fremden Füßen	12	174
913	Ich gehe / im Bett / spazieren	13	218
914	Ich ging in dich hinein	1	103
915	Ich hab / ein Wort gefunden	12	161
916	Ich habe / dich geliebt	12	124
917	Ich habe / noch nicht aufgehört	13	194
918	Ich halte mich fest	6	19
919	Ich lausche / dem Monolog des Mondes	13	142
920	Ich leb' im Tal	1	100
921	Ich lege dich / an meine Stirn	12	141
922	Ich lege die Korallen	1	119
923	Ich / liebe dich / schnurrender Mord	13	188
924	Ich / liege / im Schatten	13	237
925	Ich liege / mit der Mondsichel	13	191
926	Ich möchte reden / doch ich kann nicht	12	166
927	Ich / Mosestochter	13	193
928	Ich sah im Traum	1	105
929	Ich sammle / meine Verluste	13	149
930	Ich schenke	9	40
931	Ich schmücke / einen Osterbaum	13	162
932	Ich sehne mich / nach Licht und Liebe	12	165
933	Ich spanne / eine Seufzerbrücke	13	200
934	Ich spüre / den klaren Zug	12	140
935	Ich stehe ein	7	93
936	Ich suche	8	106
937	Ich suche dich	1	126

IS	Jahresring 85/86, Deutsche Verlags-Anstalt, Stuttgart 1985
IS	–
IS	Festtag in Manhattan, Pfaffenweiler Presse, Pfaffenweiler 1985
IS	Festtag in Manhattan, Pfaffenweiler Presse, Pfaffenweiler 1985
D	–
IS	Neue Rundschau, 97. Jg., Heft 1, S. Fischer Verlag, Frankfurt/Main 1986
IS	Festtag in Manhattan, Pfaffenweiler Presse, Pfaffenweiler 1985
IS	–
IZ	–
IS	–
DR	–
IZ	–
IZ	DIE ZEIT Nr. 41, Hamburg, 7. 10. 1983
IZ	–
I	–
IS	Festtag in Manhattan, Pfaffenweiler Presse, Pfaffenweiler 1985
DR	–
IZ	DIE ZEIT Nr. 41, Hamburg, 1. 10. 1983
DR	–
IS	–
IS	–
IS	–
IZ	–
IS	–
DR	–
IS	Festtag in Manhattan, Pfaffenweiler Presse, Pfaffenweiler 1985
ES	–
IS	Damals, damals und jetzt, Schneekluth Verlag, München 1985
IZ	–
IS	–
IZ	–
GG	–
M	–
GW 1	–

Nr.	Titel	Bd.	Seite
938	Ich suche Gott / und finde ihn	12	164
939	Ich vergesse nicht	9	63
940	Ich verzichte / auf den Glanz	12	139
941	Ich verzichte nicht	9	67
942	Ich war / ein Vogel	13	165
943	Ich warte	10	157
944	Ich weiß nur	10	69
945	Ich werde / die Nüsse / nicht zählen	13	233
946	Ich widme mich / dem Feuer dieser Tage	12	156
947	Ich will / noch einmal	12	176
948	Ich wölbe die Rose	2	79
949	Ich wohn / auf einer Toteninsel	13	205
950	Ich wohn / auf einer Zauberinsel	13	159
951	Idee	12	113
952	Identität	12	92
953	Idylle	5	109
954	Ihr Duft haftet noch	5	48
955	Ikarus	8	47
956	Im All	13	34
957	Im Atemhaus	8	19
958	Im Aug	14	55
959	Im Augenblick	11	121
960	Im Augenwinkel	2	84
961	Im Bild	13	69
962	Im Chagall-Dorf	5	119
963	Im Dialog	13	75
964	Im Dschungel	5	117
965	Im Erdrohr der Angst	4	30
966	Im fliegenden Bett	7	14
967	Im Flug	7	148
968	Im Garten	12	88
969	Im / Glaswald verirrt	13	241
970	Im Heuschreckenland	1	142
971	Im Himmel / wo die Welten / blühn	12	123
972	Im Kerker	9	22
973	Im Krieg	11	81
974	Im Labyrinth	5	178
975	Im Leuchtfeuer des Abendrots	13	134
976	Im Märchenland / blüht die Poesie	12	128
977	Im Maifeuer	10	45

OV	EV
IZ	–
ES	–
IZ	–
ES	–
IS	–
MA	–
MA	–
IS	–
IZ	–
IZ	–
GW 1	–
IS	Jahresring 85/86, Deutsche Verlags-Anstalt, Stuttgart 1985
IS	Festtag in Manhattan, Pfaffenweiler Presse, Pfaffenweiler 1985
IZ	–
SS	–
BS	–
BS	–
D	–
DT	–
D	–
GW 8	–
MV	–
GW 1	–
DT	–
BS	–
DT	–
BS	–
GW 2	–
GG	–
NR	–
SS	–
IS	–
GW 1	–
IZ	DIE ZEIT Nr. 41, Hamburg, 7. 10. 1983
ES	–
MV	–
G	Keine Zeit für die Liebe, Limes Verlag, Wiesbaden 1964
IS	–
IZ	DIE ZEIT Nr. 41, Hamburg, 7. 10. 1983
E	–

Nr.	Titel	Bd.	Seite
978	Im Mond	14	66
979	Im Monde	2	85
980	Im Mund des Mondes / wachsen Legenden	13	167
981	Im Niemandshaus	10	165
982	Im Osten des Herzens	5	80
983	Im Park	6	151
984	Im Regen	12	75
985	Im Regenrock	13	33
986	Im Rücken	9	50
987	Im Schneefest	9	60
988	Im See der Sonne	4	164
989	Im seidigen / Maigrün / einer Frühlingsnacht	12	122
990	Im Sommer / hör ich die Bienen	13	147
991	Im Spiegel	13	32
992	Im Spital	6	137
993	Im stillen Sternestand	2	68
994	Im Süden	11	134
995	Im Traum	1	160
996	Im Umkreis / meiner Liebe / zum All	12	121
997	Im Wandel	10	164
998	Im Wanderwald	14	90
999	Im Wiener Stadtpark	9	128
1000	Im Wunder	6	91
1001	Im Zelt	6	136
1002	Im Zimmer	8	108
1003	Immer Atlantis	5	44
1004	Immer blühen	2	67
1005	Immer das Wort	7	147
1006	Immer die Mutter	8	62
1007	Immer im Gespräch	8	105
1008	Immer neu	13	85
1009	Immer überholt	1	18
1010	Immer von neuem	9	115
1011	Immer warte ich / auf Wunder	12	137
1012	Immerzeit	13	125
1013	In alle innersten Reiche	4	26
1014	In alle Winde	12	83
1015	In das Mondhorn / blase ich	13	166
1016	In deinen Augen	1	96

GW 8	–
GW 1	–
IS	–
MA	–
BS	Akzente Nr. 1, Hanser Verlag, München 1959
GW 3	Rheinische Post, Düsseldorf, 1. 3. 1975
SS	–
DT	–
ES	–
ES	–
GW 2	–
IZ	DIE ZEIT Nr. 41, Hamburg, 7. 10. 1983
IS	Festtag in Manhattan, Pfaffenweiler Presse, Pfaffenweiler 1985
DT	–
AZ	Rheinische Post, Düsseldorf, 12. 1. 1974
GW 1	–
MV	–
GW 1	–
IZ	DIE ZEIT Nr. 41, Hamburg, 7. 10. 1983
MA	–
GW 8	–
ES	–
AZ	Frankfurter Allgemeine Zeitung, Frankfurt / Main, 26. 3. 1974
AZ	neues rheinland Nr. 6, Rheinland Verlag, Köln 1973
M	–
BS	–
GW 1	–
NR	–
D	–
M	–
DT	–
GW 1	–
ES	–
IZ	DIE ZEIT Nr. 41, Hamburg, 7. 10. 1983
DT	–
GW 2	–
SS	–
IS	–
DR	–

Nr.	Titel	Bd.	Seite
1017	In den Bergen	14	126
1018	In den Traum	1	53
1019	In der Bar	2	116
1020	In der Sänfte / gleite ich	13	190
1021	In dir	10	46
1022	In Ehren	11	76
1023	In einem Atemzug	6	60
1024	In einer / Festung aus Büchern	12	120
1025	In jenen Jahren	5	113
1026	In meiner / Traumorchidee / spüre ich	12	119
1027	In Memoriam	7	55
1028	In memoriam B. Sch.	14	96
1029	In memoriam Chane Rauchwerger	14	120
1030	In Memoriam D. Goldfeld	8	11
1031	In memoriam Elieser Steinberg	4	113
1032	In Memoriam Paul Celan	6	40
1033	In memoriam Robert Frost	4	8
1034	In Toledo	12	21
1035	In welchem hermetischen Tal	4	114
1036	Innengeburt	12	87
1037	Ins Leben	1	52
1038	Ins Märchen	8	109
1039	Ins Nichts	10	144
1040	Ins Nichts gespannt	1	138
1041	Ins Vorbei	9	45
1042	Inseln	11	71
1043	Inventar	6	10
1044	Irrsinniger	14	113
1045	Isole di Brissago	7	124
1046	Isoliert	12	65
1047	Israel I (Hügel hüpfen)	5	118
1048	Israel II (Zurück / ins zukünftige)	6	122
1049	Israels Wüste	12	37
1050	Italien I (Immer träume ich zurück)	11	51
1051	Italien II (Du Glockenmund)	12	24
1052	Ja Nein	12	93
1053	Ja sagen	7	74
1054	Ja und Nein	13	31
1055	Jagd	6	36

GW 8	–
DR	–
GW 1	–
IS	–
E	Jahresring 76/77, Deutsche Verlags-Anstalt, Stuttgart 1976
MV	–
OV	Akzente Nr. 3, Hanser Verlag, München 1974
IZ	DIE ZEIT Nr. 41, Hamburg, 7. 10. 1983
BS	–
IZ	–
GG	–
GW 8	–
GW 8	–
GW 5	Es ist alles anders, Pfaffenweiler Presse, Pfaffenweiler 1977
GW 2	–
OV	Frankfurter Allgemeine Zeitung, Frankfurt/Main, 11. 5. 1970 (unter dem Titel »Requiem«)
GW 2	–
S	–
GW 2	–
SS	–
DR	–
M	–
MA	–
GW 1	–
ES	–
MV	–
I	–
GW 8	–
NR	–
SS	–
BS	–
AZ	Süddeutsche Zeitung, München, 5./7. 1. 1968 (unter dem Titel »Zurück«)
S	–
MV	–
S	–
SS	–
GG	–
DT	–
OV	Sassafras-Blätter Nr. 11, Sassafras Verlag, Krefeld 1974 (frühere Fassung)

Nr.	Titel	Bd.	Seite
1056	Jahresende	6	51
1057	Jakobeni	5	106
1058	Januar	8	114
1059	Januar in New York	5	159
1060	Janus	6	70
1061	Janusengel	10	142
1062	Jede Minute	7	198
1063	Jeden Tag	14	107
1064	Jenen / verlorenen Zeiten	13	148
1065	Jenes Land	12	85
1066	Jenseits I (Wir werden uns / wieder finden)	7	112
1067	Jenseits II (Dieser Aufruhr am Himmel)	10	74
1068	Jenseits III (Ich bin / ein Schatten)	10	177
1069	Jenseits der Regenländer	4	165
1070	Jenseits des Bug	10	87
1071	Jerusalem	7	69
1072	Johannes Bobrowski	6	42
1073	Jom Kipur	11	78
1074	Josef	4	209
1075	Jubelndes Verjüngen	2	72
1076	Jugend I (Als noch das Leben war und der rote)	2	29
1077	Jugend II (Ich bin jung / wie die alte Welt)	9	127
1078	Jugend III (Fortunas / Walzerherz)	14	71
1079	Juli I (In Dornenadern)	5	53
1080	Juli II (An jedem Halm)	6	124
1081	Jungfernjoch I (Diese Schöpfung / aus blauem Weiß)	7	128
1082	Jungfernjoch II (Aus Gewölk / wird Himmel)	12	32
1083	Jungfernjoch III (Gletscher / die blaue Himmelshöhle)	12	84
1084	Käfige	7	167
1085	Kafkas Hungerkünstler	8	136
1086	Kamillen	5	84
1087	Kann man	11	68
1088	Karneval	14	142
1089	Karzer	6	98
1090	Katakomben des Schlafs	4	115

OV	–
BS	–
M	Neue Rundschau, 88. Jg., Heft 4, S. Fischer Verlag, Frankfurt/Main 1977
G	–
OV	–
MA	–
NR	–
GW 8	–
IS	Festtag in Manhattan, Pfaffenweiler Presse, Pfaffenweiler 1985
SS	–
NR	–
MA	–
MA	–
GW 2	–
MA	–
GG	–
OV	Literatur und Kritik Nr. 52, Otto Müller Verlag, Salzburg 1971
MV	–
GW 2	–
GW 1	–
GW 1	–
ES	–
GW 8	–
BS	–
AZ	Düsseldorfer Nachrichten, Düsseldorf, 13.6.1970
NR	–
S	–
SS	–
NR	–
M	–
BS	–
MV	–
GW 8	–
AZ	Literatur und Kritik Nr. 86/87, Otto Müller Verlag, Salzburg 1974
GW 2	–

Nr.	Titel	Bd.	Seite
1091	Käthe Kollwitz	6	119
1092	Katze	14	112
1093	Kein Preis	5	79
1094	Kein Requiem	9	129
1095	Kein Stein kein Baum	7	138
1096	Kein Trost	7	166
1097	Kein Wiedersehn	7	94
1098	Kein Zeiger	7	164
1099	Keine Beweise	10	122
1100	Keine Gedichte / im Augenblick	13	137
1101	Keinezeit I (Keinezeit keinezeit keinezeit)	4	24
1102	Keine Zeit II (Die Tanne im Nachbargarten)	12	48
1103	Keine Zeit III (Fremder Freund)	14	86
1104	Kennst du / den Zauber	12	136
1105	Kennwort	6	16
1106	Kimpolung im Schnee	12	44
1107	Kinderangst	5	144
1108	Kinderklavier	9	153
1109	Kindheit I (Vor vielen Geburtstagen)	5	101
1110	Kindheit II (Milch des Morgens)	8	110
1111	Kindisch	7	62
1112	Kindweibchen	1	38
1113	Klinik	9	130
1114	Kneten	14	8
1115	Köln	12	35
1116	Komm / einen Atemzug näher	12	135
1117	Komm Engel / treib uns	13	209
1118	Komet	6	59
1119	Komm mit	9	73
1120	Komm Sebastian	11	20
1121	Kommt / der König des Karnevals	13	235
1122	König Tag	12	53
1123	Königlich arm	7	87
1124	Königskerzen	14	37
1125	Königstein / Taunus	8	50
1126	Konstellationen	2	69
1127	Kopf eines Blinden	6	45
1128	Körper I (Ein Wort erfinden)	11	30
1129	Körper II (Der Wind kennt / alle Richtungen)	13	118

OV	EV
AZ	–
GW 8	–
BS	–
ES	–
NR	–
NR	–
GG	–
NR	ZET Nr. 9, Edition Rothe, Heidelberg, März 1975
MA	–
IS	–
GW 2	–
S	–
GW 8	–
IZ	DIE ZEIT Nr. 41, Hamburg, 7. 10. 1983
I	–
S	–
G	–
ES	–
BS	–
M	–
GG	–
–	Der Tag, Czernowitz, 29. 5. 1932
ES	–
GW 8	–
S	–
IZ	DIE ZEIT Nr. 41, Hamburg, 7. 10. 1983
IS	–
OV	Akzente Nr. 3, Hanser Verlag, München 1974
ES	–
ED	–
IS	–
SS	Jahresring 83/84, Deutsche Verlags-Anstalt, Stuttgart 1983
GG	–
GW 8	–
D	–
GW 1	–
OV	Frankfurter Allgemeine Zeitung, Frankfurt/Main, 7. 11. 1972
GW 6	Engel der Geschichte Nr. 26, Waldkircher Verlagsgesellschaft, Waldkirch 1982
DT	–

Nr.	Titel	Bd.	Seite
1130	Krähenschrei / Schnee wächst wie eine Blume	13	172
1131	Kraftprobe	7	15
1132	Kräne	5	18
1133	Krankenstation	9	131
1134	Kreidekreis	10	47
1135	Kreise	14	94
1136	Kreisen	7	7
1137	Kreislauf I (Immer offen / der Kreis)	7	186
1138	Kreislauf II (Dein Blick / in meinem Aug)	9	132
1139	Kreislauf III (Wo bin ich / wo bist du)	12	99
1140	Kreuzigung	2	8
1141	Krieg	11	73
1142	Kristall	7	17
1143	Krone	8	24
1144	Kühl	10	48
1145	Künstlich	10	19
1146	Kurort	6	99
1147	Landschaften	12	42
1148	Landstraße	12	97
1149	Langer Augenblick	9	133
1150	Langweile	8	53
1151	Lärmlabyrinth	10	6
1152	Lassen uns nicht	14	209
1153	Laß mich / dir entgegenblühn	12	118
1154	Laß es geschehen	2	14
1155	Laß mich / nicht allein	12	134
1156	Laßt uns	10	183
1157	Lattengebirge	8	101
1158	Laub	5	148
1159	Lauernd	10	49
1160	Lauschen	8	115
1161	Lautloses Gespräch	14	174
1162	Le Chaim	5	182
1163	Leben	7	114
1164	Legende von der Einsamkeit	1	84
1165	Lehmbrot	6	8
1166	Leidenschaft	4	23
1167	Leitmotiv	4	168

IS	Jahresring 85/86, Deutsche Verlags-Anstalt, Stuttgart 1985
GG	–
BS	–
ES	–
E	–
GW 8	–
GG	–
NR	–
ES	–
GW 7	Unterwegs mit Dir, Morstadt Verlag, Kehl 1984
GW 1	–
MV	–
GG	–
D	–
E	–
E	–
AZ	–
S	–
GW 7	Unterwegs mit Dir, Morstadt Verlag, Kehl 1984
ES	Viele von uns denken noch . . . Schwiftinger Galerie-Verlag, Schwiftingen 1978
D	–
GW 6	Literatur und Kritik Nr. 142, Otto Müller Verlag, Salzburg 1980
GW 8	–
IZ	DIE ZEIT Nr. 41, Hamburg, 7.10.1983
GW 1	–
IZ	–
MA	–
M	–
G	–
E	–
M	–
GW 8	–
G	–
NR	–
DR	Sonntagsblatt der New Yorker Volkszeitung, 53. Jg., Nr. 9, New York, 2.3.1930 (1. Fassung)
I	–
GW 2	–
GW 2	–

Nr.	Titel	Bd.	Seite
1168	Leonardo da Vinci	14	188
1169	Lerchen	14	77
1170	Les Baux	7	71
1171	Lesung	14	184
1172	Lethe	5	128
1173	Letzte Mutter	6	125
1174	Letztes Kapitel	14	111
1175	Letzte Wiederkehr / ins Nichts	13	144
1176	Leuchten	13	117
1177	Leukämie	14	40
1178	Licht der Gnade	1	66
1179	Lichter	8	116
1180	Lichter im Fenster	9	143
1181	Lichtkraft	7	177
1182	Liebe I (Rose und Dolch / Der Ring)	4	112
1183	Liebe II (Erwacht / als Stimmen uns trafen)	5	180
1184	Liebe III (Ich liebe / Berge Bäume Blumen)	7	136
1185	Liebe IV (Zwei Wolken / umarmen sich)	8	26
1186	Liebe V (Nirgends wie hier)	8	117
1187	Liebe VI (Wir werden uns wiederfinden)	10	50
1188	Liebe VII (Eine Form des Lichts)	14	60
1189	Liebe zur Schönheit	1	152
1190	Liebespaar im New York Central Park	4	22
1191	Lieb und Mohn	1	108
1192	Lied I (Wo die Wachtel ruft)	11	15
1193	Lied II (Ich spiele wieder)	11	24
1194	Lied III (Du schwiegst zu mir)	14	190
1195	Lieder	12	98
1196	Lilienbach / und / Abendwiese	13	223
1197	Lionel Feininger	14	50
1198	Litanei I (Die Luft geht)	6	127
1199	Litanei II (Angstfrei / das Vogellied)	14	49
1200	Literatur	14	59
1201	Lorelei	12	39
1202	Losungswort	7	185
1203	Löwenzahn	14	39
1204	Luft	6	133
1205	Luftländer	7	121

GW 8	–
GW 8	–
GG	Frankfurter Allgemeine Zeitung, Frankfurt / Main, 31. 3. 1971
GW 8	–
GW 3	quadrat, P. Göhringer Verlag, Duisburg 1966
AZ	Engel der Geschichte 19 / 20, Claassen Verlag, Düsseldorf 1973
GW 8	–
IS	Festtag in Manhattan, Pfaffenweiler Presse, Pfaffenweiler 1985
DT	–
GW 8	–
DR	–
M	–
ES	–
NR	–
GW 2	–
G	–
NR	–
D	–
M	–
E	–
GW 8	–
GW 1	–
GW 2	–
DR	–
ED	–
ED	–
GW 8	–
GW 7	Unterwegs mit Dir, Morstadt Verlag, Kehl 1984
IS	–
GW 8	–
AZ	–
GW 8	–
GW 8	–
S	–
NR	–
GW 8	–
AZ	Tür an Tür, Bergland Verlag, Wien 1970
NR	–

Nr.	Titel	Bd.	Seite
1206	Luftschlösser	7	48
1207	Lugano	12	31
1208	Luna	9	144
1209	Mädchen im Park	4	116
1210	Magisch	8	7
1211	Magnolienbaum	11	58
1212	Mai / mein Monat / du streust	12	117
1213	Mai I (Pfad und Pflanze aus Kristall)	2	36
1214	Mai II (Die Welt ist Mai – o alles lächelt Mai)	2	99
1215	Mai III (Mit Maiglöckchen / läutet das junge Jahr)	11	153
1216	Mai IV (Auf dem braunen Berg)	14	20
1217	Mai V (Der neue alte / Meister)	14	194
1218	Mai 1940	11	109
1219	Maiwinter	9	145
1220	Man ahnt	10	81
1221	Manchmal I (Manchmal / spricht ein Baum)	10	31
1222	Manchmal II (Manchmal bin ich / die Herzkönigin)	10	149
1223	Manchmal erwachst du	4	19
1224	Manhattan am Sonntag	5	158
1225	Manhattan (New York)	8	85
1226	Manhattan's Stil	1	19
1227	Mann mit Messer	5	145
1228	Märchengesicht	10	17
1229	Margerite	11	47
1230	Marianne Moore	8	118
1231	Marienkäfer	13	160
1232	Marilyn	9	146
1233	März I (Ich bin ein Kind)	11	107
1234	März II (Wiedergekehrt ins Land)	14	44
1235	März III (Im endlosen Uhrwerk)	14	54
1236	Maskenspiel	6	134
1237	Maskensturz	14	196
1238	Matrosen	4	169
1239	Maya Pyramiden	4	88
1240	Meer I (Was ist wie du so machtvoll auf der Erde)	1	36
1241	Meer II (Ich weiß nicht wie es kam)	5	86

GG	–
S	–
ES	–
GW 2	–
GW 5	Bewegte Frauen, Edition R + F, Zürich 1977
MV	–
IZ	DIE ZEIT Nr. 41, Hamburg, 7. 10. 1983
MV	–
GW 1	–
MV	–
GW 8	–
GW 8	–
MV	–
ES	–
MA	–
E	–
MA	–
GW 2	–
G	Frankfurter Allgemeine Zeitung, Frankfurt/Main, 3. 1. 1967 (unter dem Titel »Sonntag in New York«)
GW 5	Jahresring 78/79, Deutsche Verlags-Anstalt, Stuttgart 1978
GW 1	–
G	–
E	–
MV	–
M	–
DT	–
ES	–
MV	–
GW 8	–
GW 8	–
AZ	neues rheinland Nr. 2, Rheinland Verlag, Köln 1974
GW 8	–
GW 2	–
GW 2	–
GW 1	Sonntagsblatt der New Yorker Volkszeitung, 53. Jg., Nr. 2, New York, 12. 1. 1930 (1. Fassung)
BS	–

Nr.	Titel	Bd.	Seite
1242	Meer III (Grammatik / meine Alchimie)	11	149
1243	Meerschaum	11	114
1244	Mehr	7	27
1245	Mehr Salz	11	98
1246	Mein Architekt	14	138
1247	Mein Atem	8	92
1248	Mein Blick	2	64
1249	Mein Gedicht	7	10
1250	Mein Haus	8	54
1251	Mein Heimweh / ist ein Stacheltier	13	186
1252	Mein Herz erschauerte	1	122
1253	Mein Herz ging nackt	1	124
1254	Mein Kind I (Mein ungeborenes Kind, das ich einst träumte)	2	112
1255	Mein Kind II (Ich habe mein Kind / begraben)	9	91
1256	Mein Leben lebt	1	29
1257	Mein Reich	11	17
1258	Mein Schatten I (Vor meiner Haustür)	7	59
1259	Mein Schatten II (Ich habe einmal)	7	187
1260	Mein Schlüssel	6	58
1261	Mein Turm	2	87
1262	Mein Venedig	11	148
1263	Meine Ahnen / waren unbescholten	12	116
1264	Meine Jahre	14	118
1265	Meine Masken	14	76
1266	Meine Nachtigall	5	97
1267	Meine Sommerflur	2	70
1268	Meine Tochter	11	63
1269	Melancholie	13	30
1270	Melodien	10	131
1271	Mensch aus Versehen	4	87
1272	Mensch geworden	10	34
1273	Mensch Rabe Schnee	11	91
1274	Menschen	10	127
1275	Menschlich I (Im Fenster steht die Landschaft)	7	179
1276	Menschlich II (Wenn man lang)	10	24
1277	Meteor	9	161
1278	Metropole	9	53

MV	–
MV	–
GG	Radio Bremen, Bremen, 16. 3. 1966 (frühere Fassung)
MV	–
GW 8	–
M	–
GW 1	–
GG	–
D	–
IS	Neue Rundschau, 97. Jg., Heft 1, S. Fischer Verlag, Frankfurt / Main 1986
DR	–
DR	–
GW 1	Neue Rundschau, 93. Jg., Heft 3, S. Fischer Verlag, Frankfurt / Main 1982
ES	Formation, Zeitschrift für Literatur Nr. 6, Sulzbachtal 1978
GW 1	–
ED	–
GG	–
NR	–
OV	Sassafras-Blätter Nr. 11, Sassafras Verlag, Krefeld 1974
GW 1	–
MV	–
IZ	–
GW 8	–
GW 8	–
BS	–
GW 1	–
MV	Neue Rundschau, 93. Jg., Heft 3, S. Fischer Verlag, Frankfurt / Main 1982
DT	–
MA	–
GW 2	–
MA	–
MV	–
E	Tür an Tür, Bergland Verlag, Wien 1970
NR	–
E	–
ES	–
ES	Jahresring 77 / 78, Deutsche Verlags-Anstalt, Stuttgart 1977

Nr.	Titel	Bd.	Seite
1279	Metropolis	12	43
1280	Mich trösten / kindliche Träume	13	174
1281	Milch	14	30
1282	Milchstraße	11	9
1283	Mimosen	14	81
1284	Minuziös	7	44
1285	Mir ist der Schnee vergönnt	4	94
1286	Mir selber begegnen	13	113
1287	Mit allgemeinen Mienen	4	86
1288	Mit dem Doppelatem	4	117
1289	Mit dem Gefährten	8	55
1290	Mit dem Sieb	6	106
1291	Mit den holprigen Jahren / wachsen die Wände	13	155
1292	Mit einem roten Knoten / verbünde ich die Heimatländer	13	173
1293	Mit erznen Schwüren / flieg ich zum Horizont	13	175
1294	Mit euch allen	7	96
1295	Mit feinen Messern	6	131
1296	Mit Fragen	5	135
1297	Mit / Fingerspitzen rühre ich	13	169
1298	Mit giftblauem Feuer	1	143
1299	Mit Gulliver	7	49
1300	Mit Habgier / ruf ich deine Seele	13	168
1301	Mit / hartem Griffel	13	211
1302	Mit leeren Händen	14	148
1303	Mit Schweigen	14	207
1304	Mit Schwert und Vergißmeinnicht	11	137
1305	Mit seidensanftem Leuchten	13	204
1306	Mit verbundenen Augen	10	83
1307	Mit verstümmelter Stimme	8	56
1308	Mit / Vineta in das Meer / versunken	13	231
1309	Mit vollendetem Glanz	4	118
1310	Mit Zwergen / und mit Riesen	13	176
1311	Miteinander	6	140
1312	Mittagstraum	4	170
1313	Mittelpunkt I (Welcher Stern / ist Mittelpunkt)	10	156
1314	Mittelpunkt II (Geh die Straße entlang)	12	49

S	–
IS	Jahresring 85/86, Deutsche Verlags-Anstalt, Stuttgart 1985
GW 8	–
ED	–
GW 8	–
GG	–
GW 2	–
DT	–
GW 2	–
GW 2	–
D	–
AZ	Frankfurter Allgemeine Zeitung, Frankfurt/Main, 16.2.1974
IS	Festtag in Manhattan, Pfaffenweiler Presse, Pfaffenweiler 1985
IS	–
IS	–
GG	–
AZ	Literatur und Kritik Nr. 52, Otto Müller Verlag, Salzburg 1971 (frühere Fassung)
G	–
IS	–
GW 1	–
GG	–
IS	–
IS	–
GW 8	–
GW 8	–
MV	–
IS	Jahresring 85/86, Deutsche Verlags-Anstalt, Stuttgart 1985
MA	–
D	–
IS	–
GW 2	–
IS	Damals, damals und jetzt, Schneekluth Verlag, München 1985
AZ	PEN, Erdmann Verlag, Tübingen 1971
GW 2	–
MA	–
S	–

Nr.	Titel	Bd.	Seite
1315	Mode	14	180
1316	Moirisch	13	54
1317	Mona Lisa	5	124
1318	Mond / Traum	13	179
1319	Mondasche	4	121
1320	Mondweh	4	174
1321	Moosverwandelt	11	52
1322	Morgen	4	176
1323	Morgenröte	14	205
1324	Morgens / eine Nachtigall	13	146
1325	Möwen I (Die Reede verödet)	4	173
1326	Möwen II (Schwingen / halb Schwerkraft)	6	154
1327	Müde	10	147
1328	Mühlen aus Wind	6	105
1329	Mund des Geliebten	1	120
1330	Mündung	7	191
1331	Musik I (Aus welchem Instrument)	8	78
1332	Musik II (Schwalben / verläßliche Heimatvögel)	9	29
1333	Mutter Sprache	6	12
1334	Mütter summen	4	84
1335	Mutterland	8	94
1336	Mutterlicht	7	144
1337	Mysterium	10	103
1338	Nach dem / Feuertanz	13	181
1339	Nach dem Karneval	5	111
1340	Nach dem Krieg	9	24
1341	Nachbarn	4	175
1342	Nachher	14	155
1343	Nächstes Ziel	8	132
1344	Nacht I (Sterne läuten durch die Nacht)	2	71
1345	Nacht II (In meiner Stube wird es dämmernd still)	2	96
1346	Nacht III (In der Nachtkrippe / schaukelt)	4	122
1347	Nacht IV (Die Pfauen / sind schlafen gegangen)	4	124
1348	Nacht V (Die Tulpe / schließt die Tür)	5	68
1349	Nacht VI (Sekunden tropfen / ins nächtliche Nichts)	7	197

OV	EV
GW 8	–
DT	Jahresring 87/88, Deutsche Verlags-Anstalt, Stuttgart 1987
GW 8	–
IS	Neue Rundschau, 97. Jg., Heft 1, S. Fischer Verlag, Frankfurt/Main 1986
GW 2	–
GW 2	–
MV	–
GW 2	–
GW 8	–
IS	Festtag in Manhattan, Pfaffenweiler Presse, Pfaffenweiler 1980
GW 2	–
GG	Jahresring 76/77, Deutsche Verlags-Anstalt, Stuttgart 1976
MA	Neue Rundschau, 91. Jg., Heft 4, S. Fischer Verlag, Frankfurt/Main 1980
AZ	–
DR	–
NR	–
D	–
ES	–
I	–
GW 2	–
M	–
NR	–
MA	–
IS	Neue Rundschau, 97. Jg., Heft 1, S. Fischer Verlag, Frankfurt/Main 1986
BS	–
ES	–
GW 2	–
GW 8	–
M	–
GW 1	–
GW 1	–
GW 2	–
GW 2	–
BS	–
NR	–

Nr.	Titel	Bd.	Seite
1350	Nacht VII (Glorreiche Nacht)	11	8
1351	Nacht VIII (Die Sonnenbiene)	11	101
1352	Nachtflug	1	58
1353	Nachtstück	6	129
1354	Nacht-Tag	10	51
1355	Nachtzauber	12	54
1356	Nägel	13	116
1357	Nähen	11	90
1358	Näher an Gott geschmiegt	1	163
1359	Namen I (Bleiben werden / die schönen Namen)	6	46
1360	Namen II (Reise ins Namengebirge)	14	67
1361	Namenlos	13	70
1362	Narben	8	131
1363	Nausikaa	5	49
1364	Nebel I (Im Nebelhemd / die Sonne)	4	177
1365	Nebel II (Ehe der Traum)	4	178
1366	Nebel III (In der Nebelzeit)	10	52
1367	Nebel IV (Verschwommene Tage)	13	114
1368	Nebel V (Aus weißer Wolle / die Stadt)	13	115
1369	Nebelwogen / Pappelwipfel	13	198
1370	Nehmt sie	11	133
1371	Nein	5	91
1372	Nespolie	14	14
1373	Neue Dimensionen	4	179
1374	Neue Ewigkeit	2	63
1375	Neue Wunder	9	27
1376	Neue Zeichen / brennen	13	183
1377	Neuer Frühling	16	11
1378	Neuer Tag neue Nacht	10	37
1379	Neugeschaffen	10	138
1380	Neugierig	8	133
1381	Neujahr I (Mit Zigeunern wandern)	4	125
1382	Neujahr II (Es schneit / Neujahrswünsche)	10	57
1383	Neujahr III (Großäugig / ein Kind)	11	87
1384	1982	10	65
1385	Neurose des Abends	4	83
1386	New York	7	68

ED	Nacht, Pfaffenweiler Presse, Pfaffenweiler 1981
MV	–
DR	New Yorker Volkszeitung, 53. Jg., Nr. 25, New York, 29. 1. 1930 (1. Fassung)
AZ	–
E	–
GW 7	Jahresring 83/84, Deutsche Verlags-Anstalt, Stuttgart 1983
DT	–
MV	–
GW 1	–
OV	–
GW 8	–
DT	Jahresring 87/88, Deutsche Verlags-Anstalt, Stuttgart 1987
M	–
BS	–
GW 2	–
GW 2	–
E	Düsseldorfer Nachrichten, Düsseldorf, 19. 12. 1970
DT	–
DT	–
IS	–
MV	–
BS	–
GW 8	–
GW 2	–
GW 1	–
ES	–
IS	Neue Rundschau, 97. Jg., Heft 1, S. Fischer Verlag, Frankfurt/Main 1986
–	New Yorker Volkszeitung, 53. Jg., Nr. 107, New York, 5. 5. 1930
E	–
MA	–
M	–
GW 2	–
E	–
MV	–
GW 6	Privater Sonderdruck, Leverkusen, 1. 1. 1982
GW 2	–
GG	–

Nr.	Titel	Bd.	Seite
1387	New York bei Nacht	1	21
1388	New York fasziniert	4	16
1389	New Yorker Weihnachten	5	157
1390	Niagara Falls I (Ein wildes Tosen braust mir dumpf entgegen)	2	11
1391	Niagara Falls II (Den erträumten Sonntag finden)	12	14
1392	Niagara Falls III (Betäubender Tag)	11	65
1393	Nicht bewährt	9	44
1394	Nicht fertig	6	69
1395	Nicht fertig werden	10	135
1396	Nicht Gold	11	66
1397	Nicht ich	7	16
1398	Nicht immer	13	76
1399	Nicht mit dem Ohr	4	82
1400	Nicht Oktober nicht November	5	78
1401	Nicht vergessen I (Heute / hat ein Gedicht)	8	58
1402	Nicht vergessen II (Ich vergesse dich nicht)	10	84
1403	Nicht verloren	14	210
1404	Nicht vorüber	10	38
1405	Nicht wahr	7	98
1406	Nichts bleibt	9	31
1407	Nichts bleibt wie es ist	11	151
1408	Nichts tröstet	13	141
1409	Nichts übrig	7	126
1410	Nie	11	80
1411	Niemand	6	34
1412	Nimm	14	168
1413	Nimm dich in acht	10	155
1414	Nimm ein Licht	13	53
1415	Nimm mir	14	139
1416	Nizza	10	86
1417	Noch	12	55
1418	Noch bist du da	8	82
1419	Noch immer	9	37
1420	Noch ist das Lied nicht aus	1	167
1421	Nocturne	4	93
1422	Nomaden	9	8
1423	Nonnenkloster	4	97

GW 1 –
GW 2 –
G   Radio Bremen, Bremen, 16. 3. 1966

GW 1 Sonntagsblatt der New Yorker Volkszeitung, 52. Jg.,
      Nr. 52, New York, 29. 12. 1929 (1. Fassung)

S   –
MV   –
ES   –
OV   –
MA   –
MV   –
GG   –
DT   –
GW 2 –
BS   –
D   –
MA   –
GW 8 –
E   –
GG   –
ES   –
MV   –
IS   –
NR   –
MV   –
OV   Literatur und Kritik Nr. 86/87, Otto Müller Verlag,
      Salzburg 1974
GW 8 –
MA   –
DT   Jahresring 87/88, Deutsche Verlags-Anstalt, Stuttgart 1987
GW 8 –
MA   –
GW 7 Jahresring 83/84, Deutsche Verlags-Anstalt, Stuttgart 1983
D   –
ES   –
GW 1 –
GW 2 –
GW 5 Schnittlinien, Claassen Verlag, Düsseldorf 1979
GW 2 –

Nr.	Titel	Bd.	Seite
1424	Nördlich	7	25
1425	Norwegische Seefahrt	12	36
1426	November	11	59
1427	Novembergrab	11	97
1428	Nur der Geist	2	73
1429	Nur die Gestirne	4	126
1430	Nur die Liebe	9	47
1431	Nur die Luft	9	54
1432	Nur die Mutter	2	107
1433	Nur die Pause	7	82
1434	Nur diese Gabe	2	26
1435	Nur einen Augenblick	14	189
1436	Obdachlosigkeit	1	150
1437	Obwohl	9	62
1438	Ode	5	8
1439	Oder I (Bist du mit den Hexen)	8	86
1440	Oder II (Hörst du / das Winterherz)	14	150
1441	Oder III (Entlang einer Mauer)	14	80
1442	Odysseus	8	39
1443	Offener Brief an Italien	5	70
1444	Offenes Fenster	9	65
1445	Öffne die Stäbe / damit der goldne Himmelskörper	12	160
1446	Ohne Hinterhalt	7	99
1447	Ohne Visum	6	28
1448	Ohne Wein und Brot	1	141
1449	Ohne Ziel	9	70
1450	Ohneschlaf	14	15
1451	Oktobermeditation	2	28
1452	Orakel	7	78
1453	Oreo	4	92
1454	Orient	11	64
1455	Orpheus	2	93
1456	Orpheus und Eurydike	9	75
1457	Orte	12	46
1458	Orte aus Rauch / ohne Atem und Glanz	13	239
1459	Ortlos	10	163
1460	Oskar Kokoschka	14	31
1461	Ostern I (Ostern / im grünen Erinnern)	4	102
1462	Ostern II (Der Weg auf der Landkarte)	6	20

GG	neues rheinland Nr. 6, Rheinland Verlag, Köln 1973
S	–
MV	–
MV	–
GW 1	–
GW 2	–
ES	–
ES	–
GW 1	–
GG	–
GW 1	–
GW 8	–
GW 1	Jahresring 83/84, Deutsche Verlags-Anstalt, Stuttgart 1983
ES	–
GW 2	Der Aufbau, New York, 8.6.1962
GW 5	Jahresring 78/79, Deutsche Verlags-Anstalt, Stuttgart 1978
GW 8	–
GW 8	–
D	–
BS	–
ES	Rheinische Post, Düsseldorf, 19.2.1972
IZ	–
GG	–
OV	Frankfurter Allgemeine Zeitung, Frankfurt/Main, 1.2.1972
GW 1	–
ES	–
GW 8	–
GW 1	–
GG	Rheinische Post, Düsseldorf, 4.5.1968
GW 2	–
MV	–
GW 1	–
ES	hortulus Nr. 64, Tschudy Verlag, St. Gallen 1963 (frühere Fassung)
S	–
IS	–
MA	–
GW 8	–
GW 2	–
GW 3	Der Aufbau, New York, 29.3.1974

Nr.	Titel	Bd.	Seite
1463	Ostern im März	4	127
1464	Ostern im Schnee	4	80
1465	Östlich	7	63
1466	Pablo Neruda	10	145
1467	Pakt	8	135
1468	Palette	10	180
1469	Papier I (Länder aus Papier)	4	180
1470	Papier II (Papier ist Papier)	9	77
1471	Papiertempel	6	77
1472	Pappeln	14	123
1473	Paris I (Die Luft silbert wenn du)	4	78
1474	Paris II (Wo die Luft flimmerndes Silber)	12	18
1475	Park Avenue Party	5	28
1476	Passah I (Bringt mich zurück)	6	93
1477	Passah II (Schließ auf das Ostertor)	7	159
1478	Paul Celan	7	31
1479	Paul Celans Grab	6	120
1480	Paul Klee I (Verknüpf die Fäden)	7	34
1481	Paul Klee II (Das Liniennetz / magnetisch)	13	71
1482	Pause	6	88
1483	Pegasus	7	175
1484	Peille	12	19
1485	Perlen	13	28
1486	Perspektiven der Zeit	4	74
1487	Phasen	5	57
1488	Phönix	6	100
1489	Pieta I (Sie hüllte sich in hundert Schleier)	2	102
1490	Pieta II (Abgetragen das Dach)	6	117
1491	Plötzlich	9	81
1492	Plünderung	14	38
1493	Poem	6	90
1494	Porträt eines Greises	7	39
1495	Prag	8	51
1496	Preisen	10	102
1497	Prismen	4	128
1498	Pruth	5	104
1499	Puls	9	90
1500	Pupillen	4	73

OV	EV
GW 2	–
GW 2	–
GG	–
MA	–
MA	–
MA	–
GW 2	–
ES	–
OV	–
GW 8	–
GW 2	–
S	–
BS	–
AZ	– (Variante zu »Ostern II«)
NR	Der Aufbau, New York, 2.4.1971 (hier unter dem Titel »Pessach«)
GG	–
AZ	Frankfurter Allgemeine Zeitung, Frankfurt/Main, 24.2.1971
GG	–
DT	–
AZ	–
NR	Akzente Nr. 5, Hanser Verlag, München 1975
S	–
DT	–
GW 2	–
BS	–
AZ	Tür an Tür, Bergland Verlag, Wien 1970
GW 1	–
AZ	Radio Bremen, Bremen 16.3.1966
ES	–
GW 8	–
AZ	Lyrik aus dieser Zeit, Bechtle Verlag, Esslingen 1967 (frühere Fassung)
GG	–
D	–
MA	–
GW 2	–
BS	–
ES	–
GW 2	–

Nr.	Titel	Bd.	Seite
1501	Quecksilber	4	50
1502	Raben	14	26
1503	Rad aus Wolkenerz	13	232
1504	Raréu	5	105
1505	Ratschlag	7	165
1506	Rauch	5	137
1507	Rauchzeit	14	149
1508	Raum II (Noch ist Raum / für ein Gedicht)	7	213
1509	Raum III (Der Raum / ein raumloser Gedanke)	9	120
1510	Rausch	1	60
1511	Rauscht Manhattan	4	43
1512	Rechenschaft	6	54
1513	Recht	13	78
1514	Rede stehn	6	33
1515	Redensarten	10	181
1516	Reflexionen I (Tanz und Lied und Jubellaunen)	16	10
1517	Reflexionen II (Wie im schnellen Wandelbild)	2	74
1518	Regen	5	149
1519	Regenbogen I (Himmelweite / Begegnung)	7	127
1520	Regenbogen II (Die Sintflut / aufgeschoben)	8	64
1521	Regenwörter	11	123
1522	Reinere Räume	2	76
1523	Reisen I (Reisen / ins Ringelspiel)	4	150
1524	Reisen II (Täglich / verwandelt)	4	194
1525	Rembrandts Monolog	7	33
1526	Renoir	7	176
1527	Reptil	7	91
1528	Requiem I (Aber sie war größer als ihr Sterben)	2	108
1529	Requiem II (Mutter, Wesen, das um mich gewesen)	2	111
1530	Respekt	8	37
1531	Rettung	14	131
1532	Revolte	14	162
1533	Rhythmisch	14	61
1534	Richte dich auf	9	124
1535	Rilke	11	128
1536	Ritual I (Die Sonne übt)	6	89
1537	Ritual II (Endloses Ritual)	14	73
1538	Riviera I (Küste Schiffe und Matrosen)	4	7

GW 2	–
GW 8	–
IS	–
BS	–
NR	–
GG	–
GW 8	–
NR	Düsseldorfer Hefte Nr. 22, Triltsch Verlag, Düsseldorf 1976
ES	–
DR	–
GW 2	–
OV	Rheinische Post, Düsseldorf, 14. 9. 1974
DT	–
OV	–
MA	–
–	Sonntagsblatt der New Yorker Volkszeitung, 53. Jg., Nr. 7, New York, 16. 2. 1930
GW 1	–
G	Radio Bremen, Bremen, 16. 3. 1966
NR	–
D	–
MV	–
GW 1	–
GW 2	–
GW 2	–
GG	–
NR	–
GG	–
GW 1	–
GW 1	–
D	–
GW 8	–
GW 8	–
GW 8	–
ES	–
MV	–
AZ	Satzbau, Droste Verlag, Düsseldorf 1972
GW 8	–
GW 2	–

Nr.	Titel	Bd.	Seite
1539	Riviera II (Sein Nacken / braune Landschaft)	12	28
1540	Robinsoninsel	14	175
1541	Rom I (Kostbarkeiten in den Kammern)	4	6
1542	Rom II (Sieben Profile / den Jahrhunderten)	12	25
1543	Romeo und Julie im Central Park	5	37
1544	Rose und Schmetterling	1	78
1545	Rot ist der Sand	13	234
1546	Roter Mond	4	211
1547	Rückblick	9	9
1548	Rückkehr I (Über dürren Decken / aus Stroh...)	4	147
1549	Rückkehr II (Zur Rückkehr / gut ausgerüstet)	8	130
1550	Rückkehr III (Immer von sich weglaufen)	9	55
1551	Rückkehr IV (Ich kehre zurück)	9	147
1552	Rückkehr V (Du wirst zurückkommen)	14	200
1553	Rückwärts	6	92
1554	Ruf und Kristall	5	42
1555	Ruhe	9	64
1556	Ruhen	9	48
1557	Ruhepunkt	14	9
1558	Ruinen	1	170
1559	Ruth	8	104
1560	Sabbath I (Gras und Sonnenlaub)	4	45
1561	Sabbat II (Geschliffener Spiegel / im Teich)	10	90
1562	Sabbat III (Heute ist / die Haut der Erde)	11	125
1563	Sadagora / Hof des Wunderrabbi	13	202
1564	Sadagorer Chassid	5	99
1565	Sag ja	11	26
1566	Sag nicht I (Was Schreiben heißt)	7	149
1567	Sag nicht II (Sag nicht / du bist fertig)	10	154
1568	Salons	8	137
1569	Salz	9	113
1570	Salz und Versäumnis	4	129
1571	Salzburg	12	34
1572	Salzsäule	7	183
1573	San Michele	12	27
1574	Sang und Ozon	5	46
1575	Sanskrit	4	181

S	–
GW 8	–
GW 2	–
S	–
BS	–
DR	New Yorker Volkszeitung, 53. Jg., Nr. 124, New York, 24. 5. 1930 (1. Fassung)
IS	–
GW 2	–
GW 5	Schnittlinien, Claassen Verlag, Düsseldorf 1979
GW 2	–
M	–
ES	–
ES	–
GW 8	–
AZ	Literatur und Kritik Nr. 86/87, Otto Müller Verlag, Salzburg 1974
BS	–
ES	–
ES	Nürnberger Blätter für Literatur Nr. 4, M. Klaußner Verlag, Fürth 1978 (frühere Fassung)
GW 8	–
GW 1	–
M	–
GW 2	–
MA	–
MV	–
IS	–
BS	–
ES	–
NR	–
MA	–
M	–
ES	–
GW 2	–
S	–
NR	–
S	–
BS	–
GW 2	–

Nr.	Titel	Bd.	Seite
1576	Särge	6	111
1577	Sätze	7	181
1578	Säule Schneemann / auf einer weißen / Wolkenbank)	13	178
1579	Schach	7	182
1580	Schach im Spiegel	10	179
1581	Schallendes Schweigen	5	114
1582	Scharf	6	52
1583	Schatten	5	50
1584	Schattenfleck	14	146
1585	Schatten im Spiegel	5	152
1586	Schattenspiel	13	98
1587	Schein	5	154
1588	Scheinrot	13	99
1589	Schichten des Schlafs	8	59
1590	Schicksal	7	157
1591	Schiffahrt	9	108
1592	Schlaf	14	144
1593	Schlaf mein Kind	7	158
1594	Schlaf nicht	10	118
1595	Schlafen Sie gut / sagt mir die Schwester	12	163
1596	Schlaffarben	9	155
1597	Schlaftabletten	9	33
1598	Schlager	8	140
1599	Schleier	4	152
1600	Schnee I (Wolke weiße Vermittlerin)	4	130
1601	Schnee III (Über Nacht umgebaut / Häuser)	7	20
1602	Schnee IV (Schnee fällt / die Welt wird weiß)	8	138
1603	Schnee V (Das weiße Wasser dem sich)	9	102
1604	Schnee im Dezember	5	167
1605	Schneeschmelze	8	139
1606	Schneesturm I (Monumente vermummt)	4	134
1607	Schneesturm II (Augenlos die Gesichter)	4	182
1608	Schnell	11	19
1609	Schön nicht	10	121
1610	Schöpfung und Tod	2	13
1611	Schreib	14	181

AZ	–
NR	Rheinische Post, Düsseldorf, 11. 1. 1975
IS	Neue Rundschau, 97. Jg., Heft 1, S. Fischer Verlag, Frankfurt / Main 1986
NR	Frankfurter Allgemeine Zeitung, Frankfurt / Main, 27. 5. 1969
MA	–
BS	–
OV	–
BS	–
GW 8	–
G	–
DT	–
G	–
DT	–
D	–
NR	–
ES	–
GW 8	–
NR	–
MA	–
IZ	–
ES	–
ES	–
M	–
GW 2	–
GW 2	–
GG	–
M	Neue Rundschau, 88. Jg., Heft 4, S. Fischer Verlag, Frankfurt / Main 1977
ES	–
G	–
M	Literatur und Kritik 126 / 127, Otto Müller Verlag, Salzburg 1978
GW 2	–
GW 2	–
ED	–
MA	–
GW 1	–
GW 8	–

Nr.	Titel	Bd.	Seite
1612	Schreiben I (Du schreibst und schreibst)	7	205
1613	Schreiben II (Worte / schreiben sich)	14	156
1614	Schriften	4	135
1615	Schuhe, Mäntel, Hüte	1	20
1616	Schutzengel	10	73
1617	Schwarze Fahne	11	74
1618	Schwarze Taube	6	29
1619	Schwarz unterstrichen	4	68
1620	Schwebend / auf Weltenbahnen	13	197
1621	Schweifend	9	156
1622	Schweigen I (Hinter allen Worten)	10	40
1623	Schweigen II (Eine verschwiegene Hand)	14	21
1624	Schwierige Frage	7	90
1625	Schwierige Lektüre	14	41
1626	Schwüre	14	32
1627	Schwüre tauschen	7	101
1628	36 Gerechte	5	168
1629	Segnen	8	27
1630	Sehnsucht	9	36
1631	Seifenblasen	7	56
1632	Sein hohes Schweigen	1	65
1633	Sein / Sonnenname / sein / Wunderwort	13	196
1634	Seinen Ort finden	13	26
1635	Seit ich es weiß	1	159
1636	Seit mich dein grüner Kinderschritt	1	30
1637	Sekunde	7	42
1638	Selbstporträt	9	49
1639	Seliger Abend	1	37
1640	Seliger Traum	1	27
1641	September I (Pflaumen reifen)	4	136
1642	September II (Diese letzte Klausur / des Sommers)	8	107
1643	Sibirisch	7	66
1644	Sich ausleben	7	199
1645	Sicht	13	25
1646	Sie saßen	1	131
1647	Sie träumt	7	206
1648	Sie traten	1	127
1649	Sie waren lange	1	132

NR   –
GW 8   –
GW 2   –
–   Der Tag, Czernowitz, 12. 6. 1932
MA   –
MV   –
OV   Tür an Tür, Bergland Verlag, Wien 1970
GW 2   –
IS   –
ES   –
E   –
GW 8   –
GG   –
GW 8   –
GW 8   –
GG   – (Auch unter dem Titel »Liebe III« veröffentlicht)
D   Radio Bremen, Bremen, 16. 3. 1966
D   –
ES   –
GG   –
DR   –
IS   –
DT   –
GW 1   –
GW 1   –
GG   –
ES   –
GW 1   Buchenblätter, Neue Folge, 1. Jg., Czernowitz 1932
GW 1   Buchenblätter, Neue Folge, 1. Jg., Czernowitz 1932
GW 2   –

M   –
GG   –
NR   –
DT   –
DT   –
NR   Düsseldorfer Hefte Nr. 22, Triltsch Verlag, Düsseldorf
      1976 (frühere Fassung)
DR   –
DR   Klingsor, IX. Jg., Nr. 7, Kronstadt 1932 (unter dem Titel
      »Abschied«)

Nr.	Titel	Bd.	Seite
1650	Siebzig	13	100
1651	Sieg	4	138
1652	Sieh / die spiegelglatte Ebene	12	133
1653	Singen	13	72
1654	Singen Sirenen	5	88
1655	Singvögel I (Flügge / vom Äther verwirrt)	14	186
1656	Singvögel II (Die Kaltzeit)	14	195
1657	Sintflut	5	82
1658	So	13	24
1659	So hebt mich die Zeit	9	56
1660	So ist es	7	115
1661	So lebt	8	65
1662	So oder so	4	91
1663	So sind wir	1	154
1664	So soll es sein	9	97
1665	So viel	7	46
1666	Sommer	10	101
1667	Sonett in Moll	1	153
1668	Song	4	139
1669	Sonne I (Sicher daß es ihr gelingt)	4	184
1670	Sonne II (Während ich schreibe)	7	150
1671	Sonne III (Am Nachmittag / kommt die Sonne)	10	100
1672	Sonne IV (Ein Kind in Angst)	14	56
1673	Sonne V (Der Hahnenschrei schneidet)	14	16
1674	Sonne im Februar	9	99
1675	Sonnenaufgang I (Das Nichts / führt Dramen auf)	4	140
1676	Sonnenaufgang II (Vieläugig / Sonne / goldener Pfau)	5	172
1677	Sonnenblume	12	159
1678	Sonnenstrahlen	14	46
1679	Sonntag am Riverside Drive	5	27
1680	Sonntag in Barcelona	12	20
1681	Sonntagsstille	4	65
1682	Spannung	6	110
1683	Spärlich zugedeckt	11	53
1684	Spätsommer	9	104
1685	Speise	10	117
1686	Spiegelbild	7	116
1687	Spiegelungen	4	64
1688	Spiel	5	170

OV	EV
DT	–
GW 2	–
IZ	–
DT	–
BS	–
GW 8	–
GW 8	–
BS	–
DT	–
ES	–
NR	–
D	ZET, Nr. 9, Edition Rothe, Heidelberg, März 1975
GW 2	–
GW 1	–
ES	–
GG	–
MA	–
GW 1	–
GW 2	–
GW 2	–
NR	–
MA	–
GW 8	–
GW 8	–
ES	–
GW 2	–
G	–
IZ	–
GW 8	–
BS	–
S	–
GW 2	–
AZ	–
MV	–
ES	–
MA	–
NR	–
GW 2	–
G	– (In der Originalveröffentlichung steht eine frühere Fassung)

Nr.	Titel	Bd.	Seite
1689	Spiel im Spiegel	4	141
1690	Spielen I (Laßt uns spielen)	8	66
1691	Spielen II (Das Leben / spielt uns)	10	106
1692	Spinoza I (Des Meisters denk ich, adelig und schlicht)	2	104
1693	Spinoza II (Mein Heiliger / heißt Benedikt)	9	109
1694	Spirale	14	129
1695	Sprache I (Sie ist Wipfel, Stamm und Laub)	2	113
1696	Sprache II (Halte mich in deinem Dienst)	7	8
1697	Sprachspiele	7	151
1698	Sprich	9	13
1699	Spurlose Hand	5	166
1700	Spute dich	9	114
1701	Ste. Chapelle	6	149
1702	Stab	14	169
1703	Stachelträume	10	162
1704	Stammbaum	14	87
1705	Stammbuch	14	52
1706	Stammeln	9	157
1707	Stark	11	21
1708	Status quo	4	90
1709	Staub und Wind	7	130
1710	Staubmeer	10	41
1711	Staunen I (Bäume und Gras)	13	101
1712	Staunen II (Hinter meinem Frohsinn)	14	78
1713	Steinbruch November	4	187
1714	Steine	14	62
1715	Stern der Ferne	2	21
1716	Stern der Gnade	1	161
1717	Sterne I (Immer brennt mir / ein Stern ins Aug)	4	143
1718	Sterne II (Funken im Fenster)	7	131
1719	Sternensturz / aus der / Schwärze des Himmels	13	221
1720	Stille der Nacht I (Stille der Nacht / Kinder lächeln im Schlaf)	4	37
1721	Stille der Nacht II (Stille der Nacht / wacht wie die Mutter)	4	38
1722	Stilleben I (Chrysanthemen / im Sarg der Vase)	5	67
1723	Stilleben III (Still / leben Früchte / im Teller)	7	61
1724	Stilleben IV (Im Sonnengold / dies bunte Muster)	9	116
1725	Stilleben V (Zufällig / diese Anordnung)	13	49

OV	EV
GW 2	–
D	–
MA	–
GW 1	–
ES	–
GW 8	–
GW 1	–
GG	–
NR	–
ES	–
G	–
ES	–
GW 3	Rheinische Post, Düsseldorf, 19. 4. 1972
GW 8	–
MA	–
GW 8	–
GW 8	–
ES	Jahresring 78/79, Deutsche Verlags-Anstalt, Stuttgart 1978
ED	–
GW 2	–
NR	–
E	–
DT	–
GW 8	–
GW 2	–
GW 8	–
GW 1	–
GW 1	–
GW 2	–
NR	–
IS	–
GW 2	–
GW 2	–
BS	–
GG	–
ES	–
DT	–

Nr.	Titel	Bd.	Seite
1726	Stille Nacht	6	139
1727	Stimmen II (Im Laub noch schlägt)	8	141
1728	Strafe	9	110
1729	Strand im August	6	123
1730	Strohblumen	11	75
1731	Ströme	6	53
1732	Struma	7	110
1733	Sturm I (Der Wolfswind heult)	7	132
1734	Sturm II (Sturm aus nördlicher Richtung)	7	133
1735	Stürmische Meerfahrt	5	75
1736	Suchen I (Ich suche / eine Insel)	14	206
1737	Suchen II (Ich such dich)	14	211
1738	Südliche Landschaft	6	72
1739	Sukkoth	5	103
1740	Sünder	13	77
1741	Surrealistische Landschaft	2	88
1742	Tag	4	60
1743	Tag Nacht	13	57
1744	Tag und Nacht	8	142
1745	Tage	12	108
1746	Tagebuch	13	23
1747	Tanz	11	77
1748	Tänzerin	4	63
1749	Tarngeist	8	143
1750	Tau	14	27
1751	Tau und Blume	1	79
1752	Taub-Stumm	14	82
1753	Tauben im Battery Park	5	33
1754	Taufe	4	144
1755	Täuschung	11	62
1756	Tausendflügler Traum	5	66
1757	Tausendfüßler	13	102
1758	Teilen	7	214
1759	Teilhaben	8	71
1760	Thanksgiving	4	109
1761	Tief unter Null	1	23
1762	Tiere	2	60
1763	Toben / im / kühlen Revnawald	13	208
1764	Tohuwabohu	14	117
1765	Tonfall	13	103
1766	Tote Orakel	14	110

AZ	Rheinische Post, Düsseldorf, 24.12.1973
M	–
ES	–
AZ	neues rheinland Nr. 6/7, Rheinland Verlag, Düsseldorf 1967
MV	–
OV	–
NR	Radio Bremen, Bremen, 16.3.1966
NR	–
NR	–
BS	–
GW 8	–
GW 8	–
OV	–
BS	–
DT	–
GW 1	–
GW 2	–
DT	–
M	–
IZ	–
DT	
MV	
GW 2	–
M	–
GW 8	–
DR	–
GW 8	–
BS	–
GW 2	–
MV	–
BS	–
DT	–
NR	–
D	–
GW 2	–
GW 1	Buchenblätter, Neue Folge, 1. Jg., Czernowitz 1932
GW 1	–
IS	–
GW 8	–
DT	–
GW 8	–

Nr.	Titel	Bd.	Seite
1767	Träge / taumelnd	13	215
1768	Tränen	8	68
1769	Träum es ein	4	104
1770	Träume eines Jünglings	9	101
1771	Träumen I (Ich kann nicht schlafen)	9	105
1772	Träumen II (Ich träume dich)	14	213
1773	Träumende Heimat	11	132
1774	Trage mich / in den / Sternenkranz	13	227
1775	Transit	6	56
1776	Transnistrien 1941	7	86
1777	Trauer I (Die Stunden senken sich wie Schatten)	1	59
1778	Trauer II (Wie / die unendliche Trauer)	11	10
1779	Trauer III (Die Trauer / ist ein Vogel)	14	42
1780	Trauer / der Taube	13	224
1781	Trauerblumen	14	127
1782	Trauerspiele	4	213
1783	Traum I (Ein Sommertag mit heißem Atem breitet)	1	86
1784	Traum II (Auf einer Wiese)	14	36
1785	Traumdeuter	14	212
1786	Traumgeld	11	145
1787	Traumsicher	13	21
1788	Treffen	8	63
1789	Treffer / auf / Treffer	13	201
1790	Trennung	7	79
1791	Treue I (Mein Meer)	14	128
1792	Treue II (Auf dem Kristallberg)	14	91
1793	Trockener Sommer	11	79
1794	Tropfen	6	32
1795	Trost I (Erzengel Luzifer)	6	85
1796	Trost II (Mein Haus aus Schnee / schmilzt)	9	95
1797	Trost III (Einst hat der / Aussätzige geklappert)	12	112
1798	Tröstung I (Ich tröste mich)	7	134
1799	Tröstung II (Im Zimmer duften die Levkojen)	9	94
1800	Trug	14	72
1801	Tübingen	7	72
1802	Tulpen	5	150
1803	Über Bäume	13	104
1804	Überall immer	6	152
1805	Übergang I (Wir atmen die / letzten Vögel ein)	4	105

OV	EV
IS	–
D	–
GW 2	–
ES	–
ES	–
GW 8	–
MV	–
IS	–
OV	Rheinische Post, Düsseldorf, 17. 7. 1971
GG	–
DR	–
ED	–
GW 8	–
IS	–
GW 8	–
GW 2	–
DR	–
GW 8	–
GW 8	–
MV	–
DT	–
D	–
IS	–
GG	–
GW 8	–
GW 8	–
MV	–
OV	–
AZ	–
ES	–
IZ	Jahresring 83/84, Deutsche Verlags-Anstalt, Stuttgart 1983
NR	–
ES	–
GW 8	–
GG	–
G	Radio Bremen, Bremen, 16. 3. 1966
DT	–
GW 3	Rheinische Post, Düsseldorf, 12. 7. 1975
GW 2	–

Nr.	Titel	Bd.	Seite
1806	Übergang II (Die Pappeln werden leer)	14	163
1807	Übergang III (Das Küstenkind)	14	10
1808	Überholt I (Zeit / die Verwandlerin)	8	146
1809	Überholt II (Verwandelt / vertauscht)	14	79
1810	Überhört	14	109
1811	Überreste	6	38
1812	Überschreiten	10	134
1813	Uhren	2	114
1814	Um zu lieben	14	100
1815	Umarmt	10	141
1816	Unbeheizte Wohnung	4	58
1817	Unbeschriebenes Blatt I (Gefräßiges Tier)	7	152
1818	Unbeschriebenes Blatt II (Du triffst)	14	57
1819	Und	10	187
1820	Und die Lindenbäume	11	44
1821	Und manchmal der Wind	5	115
1822	Unendlich	10	125
1823	Unermüdlich	10	130
1824	Unentbehrlicher Anfang	14	214
1825	Ungesagt	14	176
1826	Ungestalt	8	70
1827	Unruhe	10	14
1828	Unsere Sterne	7	50
1829	Unsere Stunden	7	137
1830	Unsterblich	14	92
1831	Unter den Steinen	4	57
1832	Unter einer Decke	13	20
1833	Untergang	7	155
1834	Unterirdisch	5	65
1835	Unterwegs	14	116
1836	Unverbunden	2	48
1837	Unverläßlich	10	78
1838	Unverrückbar	13	19
1839	Unvollendet	6	18
1840	Unzulänglich	14	202
1841	Urne Erinnerung	5	164
1842	Urteil	13	18
1843	Urwort	13	22
1844	Utopia	10	153
1845	Vater unser	11	86

OV	EV
GW 8	–
GW 8	–
M	–
GW 8	–
GW 8	–
OV	neues rheinland Nr. 2, Rheinland Verlag, Köln 1974
MA	–
GW 1	–
GW 8	–
MA	–
GW 2	–
NR	–
GW 8	–
MA	–
MV	–
BS	–
MA	Literatur und Kritik Nr. 142, Otto Müller Verlag, Salzburg 1980
MA	–
GW 8	–
GW 8	–
D	–
E	Rheinische Post, Düsseldorf, 8. 7. 1972
GG	–
NR	Akzente Nr. 5, Hanser Verlag, München 1975
GW 8	–
GW 2	–
DT	–
NR	–
BS	–
GW 8	–
GW 1	–
MA	–
DT	–
I	–
GW 8	–
G	Radio Bremen, Bremen, 16. 3. 1966
DT	–
DT	–
MA	–
MV	–

Nr.	Titel	Bd.	Seite
1846	Venedig I (Goldener Schmutz)	5	71
1847	Venedig II (Venedig sehen / und leben)	10	88
1848	Verborgenes Licht	13	58
1849	Verbrämt	6	14
1850	Verbrannt	13	29
1851	Verbunden	14	104
1852	Verbundenheit I (Zwischen mir)	4	54
1853	Verbundenheit II (Leg meinen Traum / zu deinem)	8	81
1854	Verehrter Gott / Gib mir ein Zeichen	12	177
1855	Verfall	6	13
1856	Verfolgt	14	182
1857	Vergeblich	8	44
1858	Vergebung	14	134
1859	Vergessen I (Von deinem Haus wehte froh die Fahne)	2	89
1860	Vergessen II (Ich hab / mich vergessen)	13	17
1861	Vergiß I (Vergiß / daß dein Zimmer)	10	161
1862	Vergiß II (Vergiß die / poetische Wahrheit)	11	16
1863	Vergiß / daß wir uns liebten	12	155
1864	Vergiß / meine ängstlichen Gesten	13	145
1865	Vergiß mich nicht / ich bin	12	132
1866	Vergiß nicht	12	107
1867	Verherrlichen	7	208
1868	Verkaufen	10	109
1869	Verläßlich	7	41
1870	Verlieren	13	92
1871	Verlieren – Gewinnen	10	171
1872	Verlobt	12	106
1873	Verlust I (Meinen Namen verloren)	7	209
1874	Verlust II (In einer dunklen Zelle)	10	110
1875	Verlust III (Die Stille hat eine / schrille Stimme)	11	103
1876	Vermächtnis	5	165
1877	Verrat I (Vor dem Schlaf erwacht)	5	129
1878	Verrat II (Der Spiegel sagt)	6	83
1879	Verregnete Abreise	4	188
1880	Verregneter Sommer	14	47

OV	EV
BS	–
MA	–
DT	–
I	–
DT	–
GW 8	–
GW 2	–
D	–
IZ	–
I	–
GW 8	–
GW 3	–
D	–
GW 1	–
DT	–
MA	–
ED	–
IZ	–
IS	Festtag in Manhattan, Pfaffenweiler Presse, Pfaffenweiler 1985
IZ	DIE ZEIT Nr. 41, Hamburg, 7. 10. 1983
IZ	Unterwegs mit Dir, Morstadt Verlag, Kehl 1984 (frühere Fassung)
NR	–
MA	–
GG	Frankfurter Allgemeine Zeitung, Frankfurt/Main, 21. 4. 1972
DT	–
MA	–
IZ	–
NR	–
MA	–
MV	–
G	–
GW 3	neues rheinland Nr. 12, Rheinland Verlag, Köln 1968
AZ	–
GW 2	–
GW 8	–

Nr.	Titel	Bd.	Seite
1881	Versagung	14	98
1882	Verscherzt	6	15
1883	Verschiebung	4	189
1884	Verschiebung der Konstellation	5	26
1885	Verschmerzen	10	95
1886	Verschüttet	13	15
1887	Verschwommen	7	189
1888	Verschwörung	14	125
1889	Verse aus meinem Tagebuch	1	61
1890	Verse in Weiß	4	191
1891	Versfiguren	2	49
1892	Versöhnlich	5	125
1893	Versöhnung	7	102
1894	Verstehst du	14	65
1895	Verstohlen	7	193
1896	Verstümmelt	14	93
1897	Vertrag	7	109
1898	Vertrauen I (Vertrau dem Abend)	13	74
1899	Vertrauen II (Die Rose / vertraut sich)	14	53
1900	Vertraut / mit dem / Rosenschlaf	13	242
1901	Verwaiste Herzen	4	52
1902	Verwandelt	7	28
1903	Verwandlungen	8	72
1904	Verwandter Träumer	13	105
1905	Verweile nicht	13	12
1906	Verworren	10	71
1907	Verwundert	5	153
1908	Verwundung	6	130
1909	Verzaubert	8	60
1910	Vielleicht I (Ich bin / ein Schatten)	7	210
1911	Vielleicht II (Vielleicht / im April)	11	93
1912	Vielleicht III (Wenn die Zeit sich versteckt)	13	11
1913	Vielstimmig	14	153
1914	24 Stunden	5	19
1915	Villa d'Este	5	72
1916	Vogelwort	7	156
1917	Vollkommen	10	124
1918	Vom Gipfel / sehe ich	12	154
1919	Vom Leben gefressen	13	10
1920	Vom ersten bis zum letzten	4	146

OV	EV
GW 8	–
I	–
GW 2	–
BS	–
MA	–
DT	–
NR	–
GW 8	–
DT	–
GW 2	–
GW 1	–
GW 3	Radio Bremen, Bremen, 16. 3. 1966
GG	Jahresring 75/76, Deutsche Verlags-Anstalt, Stuttgart 1975
GW 8	–
NR	–
GW 8	–
NR	–
DT	–
GW 8	–
IS	–
GW 2	–
GG	–
D	–
DT	–
DT	–
MA	–
G	–
AT	Sie schreiben zwischen Goch und Bonn, P. Hammer Verlag, Wuppertal 1975
D	–
NR	–
MV	–
DT	–
GW 8	–
BS	–
BS	–
NR	–
MA	–
IZ	–
DT	–
GW 2	–

Nr.	Titel	Bd.	Seite
1921	Von A bis Z	7	211
1922	Von früh bis spät	14	197
1923	Von Himmel zu Himmel / ich fliege	13	217
1924	Von Mund zu Mund	11	138
1925	Von Pol zu Pol	8	34
1926	Von Welt zu Welt	10	93
1927	Vor dem Alpdruck	4	39
1928	Vor dem Spiegel	9	16
1929	Vor den Garben / kniet ich	13	184
1930	Vor meinem Balkon	10	108
1931	Vorabend	7	194
1932	Vorbei	10	152
1933	Vorbereitung	11	29
1934	Vorostern	4	36
1935	Vorübergehend	7	212
1936	Wabe	14	22
1937	Wach bleiben	14	191
1938	Wachsen	10	114
1939	Wachsen dürfen	7	95
1940	Wächst noch	6	64
1941	Während	6	62
1942	Während ich Atem hole	5	41
1943	Waiting for Godot	14	63
1944	Wandel	1	151
1945	Wandelbar	13	16
1946	Wandern	11	25
1947	Wanderschaft	9	111
1948	Wandlung I (Ich wähnte schon es sei des Lebens Ende)	2	91
1949	Wandlung II (Wir kamen heim / ohne Rosen)	6	96
1950	Wann I (ist die Zeit um / wann)	6	114
1951	Wann II (Ich hole die Kastanien / aus dem Feuer)	12	105
1952	Wann III (Noch ein Tag und / noch ein Jahr)	13	9
1953	Wann beginnt	14	151
1954	Wann ziehn wir ein	5	169
1955	Warum II (Sie machen Krieg und)	8	144
1956	Was	10	148

NR	Düsseldorfer Nachrichten, Düsseldorf, 16. 5. 1970 (frühere Fassung)
GW 8	–
IS	–
MV	–
D	–
MA	Neue Rundschau, 91. Jg., Heft 4, S. Fischer Verlag, Frankfurt/Main 1980
GW 2	–
ES	–
LS	Neue Rundschau, 97. Jg., Heft 1, S. Fischer Verlag, Frankfurt/Main 1986
MA	–
NR	–
MA	–
GW 6	Klassenlektüre, Steinhausen Verlag, München 1982
GW 2	–
NR	Rheinische Post, Düsseldorf, 12. 1. 1974
GW 8	–
GW 8	–
MA	–
GG	–
OV	Jahresring 74/75, Deutsche Verlags-Anstalt, Stuttgart 1974
OV	Jahresring 74/75, Deutsche Verlags-Anstalt, Stuttgart 1974
BS	–
GW 8	–
GW 1	–
DT	–
ED	–
ES	–
GW 1	–
AZ	–
AZ	–
IZ	–
DT	–
GW 8	–
G	–
M	–
MA	Neue Rundschau, 91. Jg., Heft 4, S. Fischer Verlag, Frankfurt/Main 1980

Nr.	Titel	Bd.	Seite
1957	Was anfangen	14	140
1958	Was dem Berg gehört	4	35
1959	Was du nicht weißt	14	157
1960	Was hindert dich	14	145
1961	Was immer es sei	14	84
1962	Was ist es	13	14
1963	Was ist / meine Aufgabe	13	180
1964	Was uns allen angehört	2	42
1965	Was verbirgt sich	14	143
1966	Wasser	14	105
1967	Wasserdicht	14	58
1968	Wassilij Kandinski	14	43
1969	Wege	13	61
1970	Wehmut und Wende	4	32
1971	Wehmut und weites Vergessen	4	34
1972	Wehrlos	13	55
1973	Weidenwort	5	136
1974	Weihnacht	4	208
1975	Weil	5	183
1976	Weise / Sternendeuter	13	249
1977	Weiß nicht	8	21
1978	Weiß nicht warum	7	195
1979	Weiß nicht wie	9	93
1980	Weißer Schlaf	5	147
1981	Weißes Haar	11	41
1982	Weißt du nicht	14	136
1983	Weiterführen	8	147
1984	Wellen	13	62
1985	Wen schweigst du	4	29
1986	Wenn	6	55
1987	Wenn der Winter	7	22
1988	Wenn / die Sterne finster werden	13	192
1989	Wenn du erwachst	7	81
1990	Wenn du liebst	13	63
1991	Wenn du / nicht da bist	12	115
1992	Wenn du willst	10	120
1993	Wenn / ich dir / wiederbegegne	13	230
1994	Wenn ich vergehe	10	15
1995	Wenn man wüßte	14	141
1996	Wenn sich deine Worte	1	115

OV	EV
GW 8	–
GW 2	–
GW 8	–
GW 8	–
GW 8	–
DT	–
IS	Neue Rundschau, 97. Jg., Heft 1, S. Fischer Verlag, Frankfurt/Main 1986
GW 1	–
GW 8	–
GW 8	–
GW 8	–
GW 8	–
DT	–
GW 2	–
GW 2	–
DT	–
G	–
GW 2	–
G	–
IS	–
D	Jahresring 75/76, Deutsche Verlags-Anstalt, Stuttgart 1975
NR	–
ES	–
G	–
MV	–
GW 8	–
M	–
DT	–
GW 2	–
OV	–
GG	Akzente Nr. 5, Hanser Verlag, München 1975
IS	–
GG	–
DT	–
IZ	–
MA	–
IS	–
E	–
GW 8	–
DR	–

Nr.	Titel	Bd.	Seite
1997	Wenn / wieder / Jugend grüßt	13	219
1998	Wenn Worte	14	170
1999	Wer I (Wer wird sich meiner erinnern)	10	82
2000	Wer II (Wasser / mein Kleid)	14	147
2001	Wer bin ich	7	154
2002	Wer bin ich / wenn die Wolken weinen	12	162
2003	Wer erklärt	9	103
2004	Wer schlägt	7	202
2005	Wer trauert	8	148
2006	Wer unterscheidet	13	79
2007	Wer von Schilda kommt	4	207
2008	Werben	8	74
2009	Werbung	4	154
2010	Wichtelworte	7	207
2011	Widmung	14	172
2012	Wieder I (Kommt wieder / die unerwartete Landschaft)	4	196
2013	Wieder II (Mach wieder / Wasser aus mir)	7	77
2014	Wieder Diogenes	14	7
2015	Wieder ein Tag	10	151
2016	Wiedergeburt	14	115
2017	Wiederkäuer	6	109
2018	Wiederkehr	14	25
2019	Wiedersehen	9	162
2020	Wiedersehen mit dem Wiener Wald	4	206
2021	Wie lang	2	57
2022	Wie schnell	13	106
2023	Wie sich die Welt	1	121
2024	Wie viele	13	64
2025	Wie viele Schalen	1	104
2026	Wieviele Feuer	4	28
2027	Wie werden sie die Leere dulden	2	56
2028	Willst du	13	112
2029	Wimpernschlag / Hauch / im Mai	13	246
2030	Wind I (Ätherhände / bauen Orgeln)	7	192
2031	Wind II (Der Wind / bläst alles weg)	9	100
2032	Windbelaubte Welten	4	27
2033	Windbrunnen	14	48
2034	Winona, Minnesota (USA)	10	89
2035	Winter I (In der Drachenwohnung)	6	66

OV	EV
IS	–
GW 8	–
MA	–
GW 8	–
NR	–
IZ	–
ES	–
NR	–
ES	–
DT	–
GW 2	–
D	–
GW 2	–
NR	Deutsche Lyrik aus Amerika, Youngstown State University, New York 1969
GW 8	–
GW 2	–
GG	–
GW 8	–
MA	–
GW 8	–
AZ	Rheinische Post, Düsseldorf, 10. 1. 1973
GW 8	–
ES	–
GW 2	–
GW 1	–
DT	–
DR	–
DR	–
DT	–
GW 2	–
GW 1	–
DT	–
IS	–
NR	–
ES	–
GW 2	–
GW 8	–
MA	–
OV	Jahresring 74/75, Deutsche Verlags-Anstalt, Stuttgart 1974

Nr.	Titel	Bd.	Seite
2036	Winter II (Weiß ist die / Winterseele)	10	113
2037	Winter III (Der Winter glüht)	11	22
2038	Winter IV (Eisblumen Schnee / jene Schlittenpartie)	13	107
2039	Winter V (Es schneit / in mein Herz)	14	124
2040	Wintersonne	13	108
2041	Winterverse	4	25
2042	Wir	11	12
2043	Wirbel	1	22
2044	Wir Fragenden	8	149
2045	Wir / haben uns nichts vorzuwerfen	13	136
2046	Wir leben	10	85
2047	Wir lehnen uns an seinen inneren Schimmer	1	169
2048	Wir Meteore	4	103
2049	Wir reichen uns	1	101
2050	Wir sind verbrüdert	1	68
2051	Wir spielen Ostern	4	18
2052	Wir teilen	6	30
2053	Wir / träumen Schlaraffenland	13	132
2054	Wir überstehn I (Spielen Violinaugen / ein Spiritual)	4	155
2055	Wir überstehen II (Verloren / wiedergefunden)	5	181
2056	Wir warten / am Erdrand	13	170
2057	Wir wollen	1	54
2058	Wir zogen	1	128
2059	Wirrwarr	10	72
2060	Wo I (Wo ist mein / Paradies)	13	67
2061	Wo II (Die Wunder / sind verebbt)	14	133
2062	Wo III (Wo / Gevatter Tod)	14	130
2063	Wo bist du	7	83
2064	Wo dein sanfter Flügel	4	199
2065	Wo der Frühling spinnt	1	70
2066	Wo der Gedanke	13	110
2067	Wo die reinsten Worte reifen	2	18
2068	Wo die Stadt aufhört	6	47
2069	Wo du uns findest	13	65
2070	Wo liegt das Land	4	21
2071	Wo sich verbergen	11	108
2072	Wo waren	7	84
2073	Wohin I (Mit Wörtern / bekritzelte Nacht)	6	17
2074	Wohin II (Ich haltloser Elektronenkörper)	13	80

MA	Die Welt, Hamburg, 17. 1. 1981
ED	–
DT	–
GW 8	–
DT	–
GW 2	–
ED	–
GW 1	–
M	–
IS	–
MA	–
GW 1	–
GW 2	–
DR	–
DR	–
GW 2	–
OV	–
IS	–
GW 2	–
G	–
IS	–
DR	–
DR	–
MA	–
DT	–
GW 8	–
GW 8	–
GG	–
GW 2	–
DR	–
DT	–
GW 1	–
OV	–
DT	–
GW 2	–
MV	–
GG	–
I	–
DT	–

Nr.	Titel	Bd.	Seite
2075	Wohin III (Wohin / sind die / herrenlosen Vögel)	13	109
2076	Wohin ziehn wir	9	92
2077	Wolken	13	68
2078	Wonnig schmeckt der Tod	2	34
2079	Wort an Wort	7	107
2080	Worte I (Ich bringe euch / Worte)	10	21
2081	Worte II (Mund / Mund der spricht)	14	159
2082	Wortmehl	13	111
2083	Wunder I (Holdes Wunder einer Blume)	1	81
2084	Wunder II (Ein Haarbreit)	10	160
2085	Wunder des Traums	1	62
2086	Wunderwelt	13	81
2087	Wundgeschlagen	13	13
2088	Wunsch I (Wenn ich bedenke)	10	123
2089	Wunsch II (Ich möchte mich / ins wahre Leben)	11	152
2090	Wünsche I (Frag mich nicht)	8	8
2091	Wünsche II (Ich möchte ein Magnolienbaum sein)	10	20
2092	Wünsche III (Ich möchte ein Magnolienbaum sein / Jahrhunderte alt)	10	150
2093	Würfel	5	24
2094	Zahl und Zeit	2	94
2095	Zähl nicht I (Zähl nicht / SEINE Schritte)	5	131
2096	Zähl nicht II (Zähl nicht / die Stunden)	10	158
2097	Zahlen	9	96
2098	Zahllose Augen	13	73
2099	Zauberer	4	157
2100	Zauberzeichen / aus dem / erhabenen Sternenreich	13	225
2101	Zäune des Abends	4	200
2102	Zeichen I (Wir erkennen dich)	11	50
2103	Zeichen II (Mit Quecksilberworten)	11	82
2104	Zeichen / aus dem Ginsterland	13	206
2105	Zeichen der Zeit	14	64
2106	Zeit II (Ich lebe wieder)	8	76
2107	Zeittätowiert	9	107
2108	Zerbrechliche	10	94
2109	Zerbrochen	13	82
2110	Zerbrochener Spiegel	5	51
2111	Zeremoniell	13	66

DT   –
ES   –
DT   –
GW 1 –
NR   –
E   –
GW 8 –
DT   –
DR   –
MA   –
DR   –
DT   –
DT   –
MA   –
MV
GW 5 Bewegte Frauen, Edition R + F, Zürich 1977

E   –

MA   –
BS   –
GW 1 –
GW 3 Privatdruck (hap grieshaber), Reutlingen 1969
MA   –
ES   –
DT   Jahresring 87 / 88, Deutsche Verlags-Anstalt, Stuttgart 1987
GW 2 –

IS   –
GW 2 –
MV   –
MV   –
IS   –
GW 8 –
D   –
ES   –
MA   –
DT   –
BS   –
DT   –

Nr.	Titel	Bd.	Seite
2112	Zigeuner	14	122
2113	Zigeunerin	7	201
2114	Zikaden	4	212
2115	Zirkel	8	75
2116	Zirkus	8	111
2117	Zirkuskind	9	106
2118	Zu den Firnen	2	35
2119	ZU DI CHAVEJRIM IN DER WAIT (jiddisch)	16	15
2120	Zu kurz	8	150
2121	Zu schön	12	109
2122	Zu viel	7	153
2123	Zuflucht	7	135
2124	Zukunft I (Was erwartest du / von der Zukunft)	9	112
2125	Zukunft II (Vergiß die summende Melodie)	11	54
2126	Zum siderischen Punkt	4	158
2127	Zur Ruh gebracht	2	17
2128	Zurück I (Hermetische Blumen)	4	204
2129	Zurück II (Komm Freund / dieser gewundene Weg)	8	153
2130	Zurück III (Züge fahren / durch meine Zelle)	10	119
2131	Zurück IV (Immer komm ich / zurück)	10	184
2132	Zurück V (Der Baum / vor)	14	70
2133	Zurückgekommen	7	120
2134	Zusammenfließende Welt	8	77
2135	Zusammenhang	14	85
2136	Zusammenwachsen	7	76
2137	Zuvor	6	73
2138	Zuweilen	13	122
2139	Zwei Schatten	4	201
2140	Zwei Silben verirrt	1	140
2141	Zwielicht / eines Gewitters	13	216
2142	Zwischen Fisch und Farben	2	95
2143	Zwischen Haien	6	103
2144	Zwischen ja und nein	14	164
2145	Zwischen / rot und grün	13	213
2146	Zwischen Schatten	1	57
2147	Zwischen Stäben	4	161
2148	Zwischen zwei Sphären	2	97
2149	Zwischenwelt	4	20
2150	Zwischenzeichen	8	80
2151	Zwischenzeilwort	14	177

GW 8	–
NR	–
GW 2	–
D	–
M	–
ES	–
GW 1	–
–	–
M	–
IZ	–
NR	–
NR	Akzente Nr. 3, Hanser Verlag, München 1974
ES	–
MV	–
GW 2	–
GW 1	–
GW 2	–
M	–
MA	–
MA	Rheinische Post, Düsseldorf, 12. 7. 1975 (frühere Fassung)
GW 8	–
NR	–
D	Südostdeutsche Vierteljahresblätter Nr. 3, München 1977
GW 8	–
GG	–
OV	Engel der Geschichte Nr. 19/20, Claassen Verlag, Düsseldorf 1973
DT	–
GW 2	–
GW 1	–
IS	–
GW 1	–
AZ	Frankfurter Allgemeine Zeitung, Frankfurt/Main, 24. 11. 1970
GW 8	–
IS	–
DR	–
GW 2	–
GW 1	–
GW 2	–
D	ZET, Nr. 9, Edition Rothe, Heidelberg, März 1975
GW 8	–

Alphabetisches Verzeichnis der englischen Gedichte nach Titeln

Nr.	Titel	Bd.	Seite
1	ABSTRACT PAINTING	3	7
2	AFTER HIS BURIAL	3	8
3	AFTER THE WORLD WAS ATOMBOMBED	3	9
4	AMBIGUITY	3	11
5	AND AS SPRING PASSES	3	12
6	ASPIRIN DAYS	3	13
7	AT THE CORNER OF THE STREET	3	14
8	AUTUMN CANNOT BEREAVE US	3	15
9	BE AHEAD OF YOUR FAREWELLS	3	16
10	BEAUTY	3	17
11	BEFORE IT BEGAN	3	18
12	BEFORE THIS HOUR IS WASTED	3	19
13	BELLS	3	20
14	BETWEEN THEM WE MOVE	3	21
15	BLIND BEGGAR	3	22
16	THE BOUNDARIES ARE SHIFTING	3	23
17	BOWLING GREEN OFFICE	3	24
18	CATEGORIES OF DECAY	3	25
19	CEMETERY	3	26
20	CHILDHOOD	3	28
21	CHILDREN	3	29
22	»THE CHIPS ARE DOWN«	3	30
23	CHRISTMAS	3	31
24	CHRISTMAS STAR	3	33
25	CINQUAINS	3	35
26	THE CLINIC	3	36
27	COLUMBUS AVENUE	3	37
28	COME RAIN	3	38
29	COMPLETING THE TAPESTRY	3	39
30	COMPULSION	3	40
31	CREATION	3	42
32	CREDO	3	43
33	CYCLES	3	44

GW 1 Pegasus, The Poetry Quarterly, Nr. 3, New York 1953

GW 1 The Raven Anthology, hrsg. von The Raven Poetry Circle
       of Greenwich Village and The Durnidic Poets of America,
       Nr. 85, Juli 1950

GW 1 WEVD, New York, 29. 11. 1959 (Rundfunksendung
       21.30–22.00 Uhr)

—   —
—   —
—   —
—   —
—   —
—   —
—   —
—   —
—   —
—   —
—   —
—   —
—   —
—   —
—   —
—   —
—   —
—   —
—   —
—   —
—   —

GW 1 Pegasus, Vol. 4, Nr. 3, Founding Members of Pegasus
       G. P. O. 1002, New York 1956

—   —
—   —
—   —
—   —
—   —
—   —

Nr.	Titel	Bd.	Seite
34	DARK VITALITY	3	45
35	THE DAY'S OFFICIAL MEANING	3	46
36	DEATH OF A POET	3	47
37	DEFINITION OF THE WINDOW	3	48
38	A DIALOGUE	3	49
39	DID YOU FORGET?	3	50
40	DIPPED IN TIME	3	51
41	DISTANCES CHALLENGE	3	52
42	THE DOOR	3	53
43	DREAM SPEED	3	54
44	THE DROWNED GIRL	3	55
45	THE DRUNKARD	3	56
46	EBONY-HOURS	3	57
47	EDGE OF PRECIPICE	3	58
48	EVE	3	59
49	EVENING	3	60
50	A FIRMER WILL	3	61
51	FLIGHT	3	62
52	THE FOGHORN	3	63
53	THE FORBIDDEN TREE	3	64
54	FRUSTRATION	3	65
55	FULLER PRIVILEGE	3	66
56	THE GARDEN IS PREPARED	3	67
57	GIRL OF TODAY	3	68
58	GIRLS IN BATTERY PARK	3	69
59	GIRL 20 YEARS OLD	3	70
60	THE GLOBAL GLORY, GLOBAL NEED	3	71
61	GO, GO RETURN	3	72
62	THE GOLDEN CLAY COMPOSED OF DUST	3	73
63	GRAY AND PINK	3	74
64	GUGGENHEIM MUSEUM	3	75
65	HELLO	3	76
66	HERE IS MY PLACE	3	78
67	HIS IDIOM	3	80
68	HIS RETURN IS FINAL	3	81
69	HISTORY IN A NUTSHELL	3	82
70	HOME I	3	83

–   –

–   –

GW 1   Flame, hrsg. von Lilith Lorraine, Alpine, Texas, Vol. 1,
       Nr. 2, Sommer 1954

–   –

–   –

–   –

–   –

–   –

–   –

–   –

–   –

–   –

–   –

GW 1   Epos, hrsg. von Will Tulos and Evelyn Thorne, Lake Como,
       Florida, Winter 1955

–   –

–   –

–   –

–   –

–   –

–   –

–   –

–   –

GW 1   Pegasus, Nr. 1, Founding Members of Pegasus, G. P. O.
       1002, New York 1955

GW 1   Pegasus, Nr. 1, Frühjahr 1954

–   –

–   –

–   –

–   –

–   –

–   –

–   –

–   –

–   –

–   –

–   –

GW 1   WEVD, New York, 29. 11. 1959 (Rundfunksendung
       21.30–22.00 Uhr)

–   –

Nr.	Titel	Bd.	Seite
71	HOME II	3	84
72	HOW SOON?	3	85
73	I ASK AND WAIT	3	86
74	I CANNOT TREASURE TRAGEDY TONIGHT	3	87
75	IF NOT FOR MEMORIES	3	88
76	IF YOU KNEW	3	89
77	IN AND OUT OF DEATH	3	90
78	INCANTATION	3	91
79	INCREASED TENSION	3	92
80	INDIGO AIR AND QUICK VERDURE	3	93
81	INFINITE, SWEETHEART –	3	94
82	IT MAY HAVE BEEN A DREAM	3	95
83	JANUARY	3	96
84	JERUSALEM	3	97
85	JUNE DAY	3	98
86	LANDSCAPES OF MY DREAM	3	99
87	LEAVE NOT (THE MENTAL AIR)	3	100
88	LEVELS	3	101
89	LEVELS NEVER END	3	102
90	MANHATTAN	3	103
91	MICHELANGELO	3	104
92	MIRACLE	3	105
93	THE MIRROR	3	106
94	MONA LISA I	3	108
95	MONA LISA II	3	109
96	MOOD IN MAUVE	3	110
97	MORNING	3	111
98	MOTHER	3	112
99	MOUNTAINS	3	113
100	MY CONTEMPORARY	3	114
101	MY DANCE IS PRIMITIVE	3	116
102	MY MIND WALKS MILES AND MILES	3	118
103	MY ROOM	3	119
104	NEUROSIS OF EVENING	3	120
105	A NEW LAW HAS BEEN PASSED	3	121
106	A NEW NOW OF THE OLD WAY	3	123
107	NEW PHASE OF PHENOMENON	3	125
108	NEW YEAR I	3	126
109	NEW YEAR II	3	127
110	NEW YORK	3	128

OV	EV
–	–
–	–
–	–
–	–
–	–
–	–
GW 1	Pegasus, Nr. 3, Pegasus Poetry Society of Greenwich Village, New York 1954
–	–
–	–
–	–
–	–
–	–
–	–
–	–
–	–
–	–
–	–
–	–
–	–
–	–
–	–
–	–
–	–
–	–
–	–
–	–
–	–
–	–
–	–
–	–
–	–
–	–
–	–
–	–
–	–

Nr.	Titel	Bd.	Seite
111	NEXT SUNDAY	3	129
112	NO STAR CAN STOP	3	131
113	NOT BECAUSE	3	132
114	NOTHING MATTERS	3	133
115	NOTHING TO EMBELLISH	3	134
116	NOTHING TO WIN	3	135
117	NO TIME TO LISTEN	3	136
118	NOT YET PREPARED	3	138
119	NOVEMBER	3	139
120	NOVEMBERING	3	140
121	NOVEMBER NOON IN BATTERY PARK	3	141
122	NOW SHE DOES NOT MIND	3	142
123	OCTOBER	3	143
124	O DUST AND SKELETON AND SUN	3	144
125	OFFICE WORK	3	145
126	THE OLD	3	146
127	OLD MAN WITH PIPE	3	147
128	O LIFT THE LOAD FROM SHRINKING TEMPLE	3	149
129	OUR FUTURE	3	150
130	OUR SHADOW	3	151
131	OVERMORE	3	152
132	PILATE STILL ASKS	3	154
133	THE PRISONER	3	155
134	RAIN IN JULY	3	156
135	RAIN-SONG	3	157
136	REARRANGEMENT	3	158
137	RED ROSES	3	159
138	REQUIEM	3	160
139	ROAD	3	161
140	ROME	3	162
141	ROSE	3	163
142	THE ROSE	3	164
143	SACROSANCT	3	165
144	SAYS THE CHRISTMAS STAR	3	166
145	SEASCAPE	3	167
146	SEE THE SUN	3	168
147	SIENA	3	169
148	THE SILVERGULLS' HARMONIOUS WINGS	3	170
149	SING SWAN	3	171

—   —
—   —
—   —
GW 1   The Raven Anthology (s. o.), Nr. 86, Oktober 1950
—   —
—   —
GW 1   Epos, Vol. 7, Nr. 3 (s. o.), Frühjahr 1956
—   —
—   —
—   —
—   —
—   —
—   —
GW 1   Flame, Vol. 2, Nr. 2, Sommer 1955
—   —
—   —
—   —
—   —
—   —
—   —
—   —
—   —
—   —
—   —
—   —
—   —
—   —
—   —
GW 1   WEVD, New York, 29. 11. 1959 (Rundfunksendung
        21.30–22.00 Uhr)
—   —
—   —
—   —
GW 1   Voices, A Journal of Poetry, Progressive Printing, Nr. 164,
        9/12, Manifold Co., Portland Maine 1957
—   —
—   —
—   —
—   —

Nr.	Titel	Bd.	Seite
150	SOON, SOON	3	172
151	THE SPIDER	3	174
152	SPRING	3	175
153	THE START OF A STAR	3	176
154	STRANGE IN THIS SPHERE	3	177
155	SUN CATCHES OBJECTS	3	178
156	SYMBOLS	3	179
157	TALL THINGS	3	180
158	THERE ARE PEOPLE	3	182
159	THREE BIRDS	3	183
160	THREEFOLD TIME	3	185
161	TIME INCOGNITO	3	186
162	THE TOWER	3	187
163	TWO PERSONAGES BY RUFINO TAMAYO	3	188
164	TYPIST'S PRAYER	3	189
165	VACATION	3	190
166	VARIATION ON A THEME BY E. E. CUMMINGS	3	192
167	VIRTUOSO	3	193
168	VISIT TO THE MOON	3	194
169	WAITING FOR LIFE	3	196
170	WE ARE CAUGHT	3	197
171	WE ARE ON OUR WAY	3	199
172	WHAT AM I?	3	200
173	WHEN I'M ACTUALLY MYSELF	3	201
174	WHEN STONE TURNS PURPLE	3	202
175	WHEN SUN EXHALES	3	203
176	WHEN THE GARDEN WAS LOCKED	3	204
177	WHERE SHALL WE START?	3	205
178	WHILE I AM ALIVE	3	206
179	THE WHITEST	3	207
180	WHO BEARS HIS SEASONS	3	208
181	WHO KNOWS?	3	209
182	WIEN WIEN NUR DU ALLEIN	3	210
183	WITH YES WE WAKE	3	211
184	THE WORD	3	212
185	YEMENITE DANCER	3	213

–	–
–	–
–	–
–	–
–	–
–	–
–	–
–	–
–	–
–	–
–	–
–	–
–	–
–	–
–	–
–	–
–	–

GW 1   Voices, A Journal of Poetry, Progressive Printing, Nr. 164, 9/12, Manifold Co., Portland Maine 1957

–	–
–	–
–	–
–	–

GW 1   The Raven Anthology (s. o.), Nr. 84, April 1950

–	–

GW 1   Flame, Vol. 3, Nr. 3, hrsg. von Lilith Lorraine, Alpine, Texas, Herbst 1956

–	–
–	–

GW 1   The Raven Antology (s. o.), Nr. 82, Okt. 1949

–	–
–	–

GW 1   Different, Jan./Febr. 1950, The Voice of the Cultural Renaissance, hrsg. von Lilith Lorraine, Avalon World Arts Academy, Rogers, Arkansas 1949

–	–
–	–
–	–
–	–

GW 1   WEVD, New York, 29. 11. 1959 (Rundfunksendung 21.30–22.00 Uhr)

OV	EV
–	–
–	–
–	–
–	–
–	–

Alphabetisches Verzeichnis der Übersetzungen nach Titeln

Übersetzungen aus dem Jiddischen ins Deutsche

Nr.	Titel	Bd.	Seite
1	Der Amerikaner (Elieser Steinbarg)	16	19
2	Die Ballade vom Kränzlein Sterne (Itzig Manger)	16	22
3	Die Ballade vom weißen Brot (Itzig Manger)	16	25
4	Folg mir nicht nach, mein Bruder (Itzig Manger)	16	26

Übersetzungen aus dem Englischen ins Deutsche

Nr.	Titel	Bd.	Seite
5	alternd (John Masefield)	16	29
6	Der Fiedler aus Dooney (William Butler Yeats)	16	30
7	Die Macht des Gesanges (William Shakespeare)	16	32
8	Requiem (Oscar Wilde)	16	31

Übersetzungen aus dem Deutschen und Jiddischen ins Englische

Nr.	Titel	Bd.	Seite
9	THE BALLAD OF THE WHITE BREAD (Itzig Manger)	16	39
10	MY MOTHER (Else Lasker-Schüler)	16	35
11	PRAYER (Else Lasker-Schüler)	16	36
12	WITH TIME-RED LIPS (Paul Celan)	16	37

OV	EV
–	–
GW 1	–
GW 1	–
GW 1	Der Tag, Czernowitz, 17. 7. 1932

OV	EV
–	–
–	–
–	–
–	–

OV	EV
–	–
GW 1	The New Orlando Poetry Anthology, hg. von Anca Vrbovska, New Orlando Publications, New York 1958
GW 1	The New Orlando Poetry Anthology, hg. von Anca Vrbovska, New Orlando Publications, New York 1958
–	–

Übersetzungen aus dem Polnischen ins Englische

GW 1   Adam Mickiewicz, New Selected Poems, Voyages Press,
       New York 1957
GW 1   Adam Mickiewicz, New Selected Poems, Voyages Press,
       New York 1957
GW 1   Adam Mickiewicz, New Selected Poems, Voyages Press,
       New York 1957

Alphabetisches Verzeichnis
der Prosawerke

Nr.	Titel	Bd.	Seite
1	Affen	15	26
2	Alles kann Motiv sein	15	91
3	Alptraum	15	11
4	Bernard Reder	15	137
5	Chamäleon	15	123
6	Czernowitz III (Weiden pruthuferentlang)	15	35
7	Czernowitz, Heine und die Folgen	15	96
8	Dankesrede zur Verleihung des Literaturpreises der Bayerischen Akademie der Schönen Künste	15	147
9	Der Fluch II (Ein Sonntag im Juni)	15	37
10	Die Poesie hat auch heute Überlebenschancen	15	167
11	Diebstahl	15	15
12	Doppelleben	15	48
13	Ehefragen	15	116
14	Einmal fing ich ein Gespräch auf	15	57
15	Enjoyment of Poetry [Rundfunkgespräch]	15	151
16	Erinnerungen an eine Stadt	15	106
17	Etwas über Graphologie	14	114
18	Fastkuren	15	30
19	Fliegen	15	29
20	Fortschritt I (Ich wohne im ersten Stockwerk)	15	20
21	Gedenkfeier für Elieser Steinberg	15	113
22	Happening	15	8
23	Herzverpflanzung	15	31
24	Hier und dort	15	18
25	Im Papageiland	15	32
26	Insomnia I (Die Nacht hat zahllose Augen)	15	7
27	Insomnia II (Ich gehe im Bett spazieren)	15	16
28	Interview mit Rose Ausländer	15	164
29	Kinder-Ferienkolonie Bijenca	15	125
30	Krokodiltränen	15	23
31	»Manifest Alpha«	15	135

OV   –

GW 3   MOTIVE – Warum ich schreibe, Horst Erdmann Verlag,
Tübingen / Basel 1971

OV   –

–   Die Stimme, Tel Aviv, Dezember 1962

–   Der Tag, Czernowitz, 1. Juni 1932

–   – (vor 1964)

GW 3   Geständnisse, Droste Verlag, Düsseldorf 1972

RA   –

GW 3   WDR, Köln, 27. März 1967

–   Bauer, Alexander, Westfälischer Anzeiger, Münster,
26. Januar 1977

OV   –

GW 4   Düsseldorfer Hefte, Nr. 22, Triltsch Verlag, Düsseldorf
1976

–   Sonntagsblatt der New Yorker Volkszeitung, 6. April 1930

–   –

–   Becker-Lennon, Florence, WEVD, New York,
29. November 1959

GG   – (vermutlich 1965 für den WDR geschrieben)

–   Czernowitzer Morgenblatt, 24. November 1928

–   –

GG   –

OV   –

–   Czernowitzer Morgenblatt, 23. Mai 1928

GW 3   Satzbau, Droste Verlag, Düsseldorf 1972

–   –

OV   –

–   –

GW 3   Satzbau, Droste Verlag, Düsseldorf 1972

OV   –

–   Gottesmann, Henriette, Die Stimme, Tel Aviv, 8 / 1970

–   Der Tag, Czernowitz, 10. August 1932

OV   –

–   Der Aufbau, New York, 22. Juni 1962

Nr.	Titel	Bd.	Seite
32	Mann im Mond	15	59
33	Märchen	15	14
34	Mein Sohn	15	24
35	Nachruf für Alfred Margul-Sperber	15	142
36	Notizen zur Situation des alternden Schriftstellers	15	100
37	Ohne	15	9
38	Phaidros	15	63
39	Privacy	15	28
40	Raum I (Ich betrat einen Raum)	15	17
41	Salomon Wininger – 85 Jahre	15	133
42	Schnee II (Gebt mir eine Schaufel)	15	13
43	Stilleben II (Auf dem Tisch eine Schüssel)	15	19
44	Stimmen I (Masken, die wechseln)	15	22
45	Tat-Sache	15	21
46	Unmeßbar	15	10
47	Unsterblichkeit	15	27
48	Unter innerem Zwang schreiben	15	169
49	Warum?	15	51
50	Wilhelm Benignus gestorben	15	121
51	Zeit I (»Die gute alte Zeit!«)	15	12
52	Zum 28. August 1943	15	88
53	Zur Spinoza-Festschrift	15	130

OV	EV
–	–
OV	–
OV	–
–	ORF, Wien, Januar 1967
RA	– (wiedergegeben nach dem handschriftlichen Originalmanuskript, entstanden für die Rundfunksendung »Altern als Problem für Schriftsteller«, Südwestfunk Baden-Baden, 29. März 1973)
OV	–
RA	– (wiedergegeben nach der 1. Fassung des Manuskripts, entstanden 1920 vermutlich als Seminararbeit für die Universität Czernowitz)
OV	–
OV	–
–	Die Stimme, Tel Aviv, April 1962
OV	–
OV	–
OV	–
OV	–
OV	–
OV	–
–	Wallmann, Jürgen P., Darmstädter Echo, Darmstadt, 10. April 1981
GW 3	–
–	New Yorker Volkszeitung, 7. Juni 1930
OV	–
RA	– (wiedergegeben nach dem handschriftlichen Originalmanuskript, entstanden zum 6. Todestag Constantin Brunners im Getto von Czernowitz)
–	Czernowitzer Morgenblatt, Czernowitz, 6. Februar 1934

Alphabetisches Verzeichnis der deutschen Gedichte nach Gedichtanfängen

Nr.	Gedichtanfang	Bd.	Seite
1	Abend / verwandter Träumer	13	105
2	Aber der unbestechliche Engel blieb uns hold	1	169
3	Aber sie war größer als ihr Sterben	2	108
4	Abgetragen das Dach / mit dem Schwalbennest	6	117
5	Abschied / vor der Geburt	9	134
6	Ach, ich bin die weiße Knospe	1	173
7	Ach im Guß und Glanz der Stunde	1	108
8	Ach, selbst mein Versagen liebt dich sehr	2	70
9	Achtzigjähriger Greis	5	99
10	Ade / sagt heute keiner mehr	8	120
11	Ade sagen / mit dem Wort winken	11	35
12	Akazienbäume in Blüte	10	105
13	Alle Gaben, die der Tag verschwendet	1	28
14	Alle Gestalten / kommen / aus der Ungestalt	8	70
15	Alle Kelche sind schon zu	2	33
16	Alles Unerkannte zu erkennen	1	45
17	Alles atmet Sternverwandtschaft	1	113
18	Alles in Blüte / aber du trauerst	10	39
19	Alles kommt anders / wenn der Wind	9	145
20	Alles war schon / Die Wunder sind verebbt	13	52
21	Alles was sie einsammeln / die Gedanken	9	78
22	Allüberall / das Eine	9	18
26	Als Fontäne im Garten / tanze ich auf und ab	8	72
23	Als auf den Fensterscheiben / die Blumen blühten	12	172
24	Als aufgelöster Satz / kommt der Herbst	5	171
25	Als der Abend / die Allee betrat	4	201
27	Als gäbe es / einen Himmel	7	52
28	Als ich / aus der / Kindheit floh	13	157
29	Als ich auszog / Glück kaufen	5	155
30	Als ich in Constanza war	12	173
31	Als ich Landschaften sammelte	12	42
32	Als ich / Mutter sang	10	16
33	Als ich starb / war ich eine Nelke	10	126
34	Als noch das Leben nah war und der rote	2	29
35	Als sie ihn erwartete	5	57
36	Als sie mich in den Kerker warfen	10	34

Nr.	Gedichtanfang	Bd.	Seite
37	Als wärst du Stein / zu Tode getropft	14	58
38	Als wir alles verschleuderten	9	24
39	Als wir uns / auf der Insel trafen	5	59
40	Als wir uns bebend auseinanderrissen	2	57
41	Als wüßtest du / woher	14	157
42	Am Abend / wird alles anders	7	196
43	Am Anfang / ohne Ende	12	93
44	Am Anfang / war das Wort	10	136
45	»Am Ende der Weisheit« / heißt das Wissen	11	111
46	Am Himmel / die künstlichen Vögel	13	153
47	Am Hof des Wunderrabbi von Sadagora	5	98
48	Am Morgen / öffnen Fenster / graue Augen	13	36
49	Am Nachmittag / kommt die Sonne	10	100
50	Am Rand eines Gedichtes / leben während der Tag	6	65
51	Ameisen bauen den	10	28
52	Amseln / ich streue Brot	13	177
53	An allen Haltestellen	11	119
54	An der Angstgrenze / Zigeuner Glück	7	173
55	An der Leichtigkeit / mit der du verteilst	7	113
56	An der Mündung des Herzlaufs	4	162
57	An der Regengrenze / Augenblicksworte	13	21
58	An die Windwand / geschrieben	7	170
59	An Feiertagen / besuchen mich tote Freunde	7	215
60	An Gipfeln / seine Verse messen	11	66
61	An jedem Halm / schärft Sonne ihr Messer	5	124
62	An Salzwellen anlegen / mein Schicksal ohne Blumen	8	39
63	An unsrer Stirn / wetzt Wind	9	139
64	An verfallnen Göttern vorbei	4	118
65	An welchem Tisch / nehmen die Sterne	8	67
66	An wen schreibe ich / Mensch	5	152
67	Analphabetisch / les ich	14	100
68	Anders / kommen sie	5	130
69	Angelangt / an der Grenze	6	57
70	Angstfrei / das Vogellied	14	49
71	Ansporn und Spur // Aus dem Wasser gewachsen	7	124
72	Arbeit wartet auf mich	9	47
73	Astralzarte Kugel / laß mich	14	39
74	Atem an Atem / mit Licht und Staub	6	131

Nr.	Gedichtanfang	Bd.	Seite
75	Atem: unüberlegtes Aus und Ein	2	46
76	Atem holen / aus dir / Erde	13	45
77	Atemspiel / in deinem Leib	7	202
78	Ätherhände / bauen Orgeln	7	192
79	Atmen arbeiten / ruhen fliegen	9	149
80	Au und Garten rufen meine weite	2	65
81	Auch das Verborgene / hat ein Gesicht	4	145
82	Auch das Vergangene / hat Flügel	10	80
83	Auch die Furcht / hat ihre Gesetze	10	167
84	Auch hier / brannte der Strauch	6	116
85	Auch ich bin / in Arkadien geboren	6	37
86	Auch im Bett / gibt es Gipfel	10	166
87	Auch im Herbst / singen die Vögel	10	107
88	Auf dem braunen Berg / wächst wieder Grünhaar	14	20
89	Auf dem Dach der Nacht / umarmt er	7	36
90	Auf dem Gipfel / trat	11	33
91	Auf dem Himmel wandeln Rehe	1	57
92	Auf dem Kahn / gleiten	13	195
93	Auf dem Kristallberg / Treue geschworen	14	91
94	Auf dem Ozean atmet / der Mond	4	119
95	Auf dem Tisch / Äpfel und Wein	7	35
96	Auf den Eisenstern / blühten die Blumen	13	164
97	Auf / den Schalen / meiner Kummerwaage	13	245
98	Auf der Flucht / aus dem Feuerland	5	138
99	Auf der Flucht / übernachten	13	238
100	Auf der Landstraße / treffen wir uns	12	97
101	Auf der Lauer / steht der Tag	10	49
102	Auf der Sichel / reite ich	13	240
103	Auf der Suche nach einem	10	115
104	Auf der Suche / nicht	13	65
105	Auf der Wand / du lebst	4	98
106	Auf doppeltem Boden / unten verwurzelt	7	143
107	Auf einem Blitz / ist mein Flügelpferd	7	175
108	Auf einer Wiese / voller Primeln und Löwenzahn	14	36
109	Auf grauen Luftschienen / pausenlos	14	47
110	Auf hohen runden Stühlen sitzen sie	2	116
111	Auf meinem Fenster / steht ein fremder Vogel	9	69
112	Auf meinen Wänden / blühen Bilder	11	17
113	Auf meinen Wanderzügen / sind viele Brunnen da	2	54

Nr.	Gedichtanfang	Bd.	Seite
114	Auf meiner Handfläche / geschrieben	6	18
115	Auf Seite 117 / lese ich	12	109
116	Auf vielen Flüssen / meine Jahre gefahren	5	126
117	Auf wieviel Flügeln / ruht die Luft	6	133
118	Auf zeittätowierten / Lippen / der Silbenkrieg	9	107
119	Aufatmen / wenn die Gefahr sich verbirgt	13	139
120	Auferstanden im Regen / die Toten	11	122
121	Aufgefangen / von fremder Hand	14	108
122	Aufgehoben / im Schlaf	6	45
123	Aufgewachsen / unter Heiligen	14	127
124	Aufrecht in deinem Blick / das Steingewächs	8	101
125	Aufrecht in mir / die Salzsäule	7	183
126	Augen / – Lichtlippen –	4	148
127	Augen traf ich / von ungefähr	13	127
128	Augenblicksbogen / gespannt	10	29
129	Augenlos die Gesichter	4	182
130	Aus Blumen / Schnee und Gefahr	12	85
131	Aus dem Buch die Stimme / spricht deutlich	14	198
132	Aus dem Feuerkokon gerollt	7	27
133	Aus dem Füllhorn / hol die Feuer	14	45
134	Aus dem goldnen Käfig	4	71
135	Aus dem / Halbmond / strömt Nebelnacht	13	220
136	Aus dem Himmel / eine Erde machen	7	177
137	Aus dem Lichtquell / eines großen Augenblicks	12	153
138	Aus dem Nichts / erlöst	6	72
139	Aus dem Nichts / Felsen Wälder Meere	11	9
140	Aus dem Schlaf erstanden	4	60
141	Aus dem Sommerherzen / Melonenblut	8	77
142	Aus dem Traum, der launig mit mir spielt	1	62
143	Aus den Wurzeln / das Wachsende	10	114
144	Aus der Finsternis / Glanz schälen	10	81
145	Aus der Sonne / fallen Bienen	13	150
146	Aus der Traufe / kommend	13	97
147	Aus der Wiege / fiel mein Augenaufschlag	5	165
148	Aus einem heißen Schlaf / bin ich erwacht	12	171
149	Aus einem Tag im September	5	103
150	Aus einer Höhle / das Haus	11	113
151	Aus Farben / Körper kneten	14	31
152	Aus fernen Welten / fallen Worte	13	158
153	Aus geflügeltem Staub / sprüht die Gestalt	2	13
154	Aus Gewölk / wird Himmel	12	32

Nr.	Gedichtanfang	Bd.	Seite
155	Aus meinen Einsamkeiten / bild ich ein Mosaik	4	195
156	Aus Phosphor die Dame / schön eine Schlange	14	129
157	Aus seinen Wurzeln / wächst er	11	92
158	Aus weißer Namenlosigkeit kamst du	4	89
159	Aus weißer Wolle / die Stadt	13	115
160	Aus welchem Instrument / tönt ihr Takt	8	78
161	Aus zerrütteten Träumen / erwachend	6	26
162	Ausgestorbene Wesen / Engel	12	79
163	Ausgewandert / aus dem Kinderlied	13	13
164	Außen bist du Gold und grelles Gleißen	1	10
165	Bald ist dein Herz vertan	1	74
166	Bald / kommt die Freundin	12	170
167	Baum der in dir wächst / traumgrün	7	81
168	Bäume und Gras / grüne Augenweide	13	101
169	Bei ihm lernten / Felsen und Bäume	5	162
170	Bekannte Unbekannte / rufen mich an	14	68
171	Bereit steht der Sarg / ich wehre mich	7	82
172	Berg aus Bildern	14	69
173	Berge / diese strahlenden Massive	14	55
174	Bergriesen im Morgengold	12	30
175	Besuch aus verlorenen Jahren / mit dem Böhmenbuch	12	78
176	Betäubender Tag / Drei	11	65
177	Betrübnis / weil unsre Welt	9	87
178	Bettler / im rieselnden Reich	11	40
179	Bettler / streckt aus	8	125
180	Biene im Krug gefangen	2	86
181	Bienen / singen den Sommer	9	43
182	Bilder auf den Wänden / Bücher im Schrank	9	135
183	Bin ich im Land der Verwurzelungen	4	32
184	Birnenverschlossene / Kerne	11	127
185	Bis an den Nagelmond / denk ich an dich	5	146
186	Bist du mit den Hexen / im Bund	8	86
187	Bist du nicht / das Mädchen	8	121
188	Bist du zufrieden / Nein nein nein	10	76
189	Blau / eine Fahne dem Wunder	8	10
190	Blaßblaue Tage halten die Herzen so milde	2	31
191	Bleib / deinem Wort / treu	12	131
192	Bleiben werden / die schönen Namen	6	46
193	Blick in den Spiegel	9	37
194	Blöcke / blau und braun	7	71

Nr.	Gedichtanfang	Bd.	Seite
195	Blumen hören auf / JA zu sagen	7	22
196	Blumenvogel / mein Doppelgedicht	14	160
197	Braunes Glockengeläut	4	97
198	Brennesselsonne / liebkost das	14	204
199	Brief aus Rosen	13	124
200	Bringt mich zurück / die Landkarte	6	93
201	Bruder im Exil / in Zeitungen gekleidet	5	22
202	Buchstaben haben mir / den Krieg erklärt	6	75
203	Chrysanthemen / im Sarg der Vase	5	67
204	Czernowitz / Heimat der Hügel	4	113
205	Da kommt er / wirft Luftlappen ins Gesicht	5	32
206	Da zirpten die Kiesel im Pruth	5	104
207	Dämmerung flattert schon wild	1	110
208	Dann kamen / Wolken	12	61
209	Das alte Lied: / die Zeit wird grau	10	141
210	(Das Alter) wächst in dir / fleischverschlingend	4	96
211	Das erinnerte Heim / im Vergangenen	13	35
212	Das Fenster / Gegenstände	6	69
213	Das fremde Leben / dein eigenes Reich	13	46
214	Das Gespräch über Bäume	13	104
215	Das Glitzern des Glühwürmchens	8	116
216	Das glitzernde Einst / der Salons	8	137
217	Das Herz der Rose liebt / deinen Atem	12	63
218	Das ist ein Widerstrahlen ohne Ende	1	82
219	Das Küstenkind / von Aurora geboren	14	10
220	Das Leben braust in stürmischen Akkorden	1	99
221	Das Leben entflieht – und ich liebe dich	2	22
222	Das Leben / spielt mich	8	24
223	Das Leben spielt uns	10	106
224	Das Leben / verherrlichen	7	208
225	Das Licht / hat keine Geheimnisse	6	145
226	Das Liniennetz / magnetisch	13	71
227	Das Losungswort / kennt dich nicht	7	185
228	Das Meer / seine Bewegung	10	41
229	Das Nichts / führt Dramen auf	4	140
230	Das norwegische Frachtschiff	12	36
231	Das offne Herz der Muschelsonne	12	22
232	Das plötzliche Land / duftet nach Zeder und Zimt	5	47
233	Das Prisma im Fenster / zerbricht	4	128
234	Das Reh im Wald / ist meine Schwester	12	158

Nr.	Gedichtanfang	Bd.	Seite
235	Das Schiff / im Dialog	7	119
236	Das tägliche Brot / kommt uns teuer zu stehn	6	105
237	Das Tier mit den goldnen Gedärmen	4	81
238	Das / Traumkrokodil / kommt wieder	13	207
239	Das Viertel Haus vor dem Fenster	5	51
240	Das Wasser / hat heute Lust zu zaubern	9	74
241	Das Weiß einer Säule / aus dem weißen Athen	13	152
242	Das weiße Frachtschiff	7	137
243	Das weiße Wasser dem sich / nichts verschließt	9	102
244	Das Wespennest ist voll	5	116
245	Das Ziel ist an mir / vorübergegangen	6	135
246	Das Zimmer behütet mich	8	108
247	Daß der Karpfen im Teller dich anstarrt	9	103
248	Daß ich dich wiederseh / im April	5	81
249	Daß / jeden Augenblick / Gott stirbt und lebt	13	12
250	Daß nicht aufhöre / das bestürzende Glück	7	101
251	Daß sich öffne / das Tor ins Abenteuer	11	42
252	Daß sie schmelze / die Kruste Schwermut	11	136
253	Dein Blick / in meinem Aug	9	132
254	Dein Ebenbild / aus Holz Gold Granit	6	21
255	Dein Erdherz / vom Wortquell gestärkt	6	43
256	Dein erstes Wort war sanft und lieblich, wie	1	129
257	Dein Gesicht / das Auge / in deinem Gesicht	6	130
258	Dein Gesicht / verschiebt sich	4	189
259	Dein Herz / ist echt	12	152
260	Dein Wesen zu erhöhen	2	39
261	Dein Zipfelchen Zeit / hängt	12	64
262	Deine dünne Spur / hier	6	101
263	Deine geatmete Welt / Struktur der Stadt	4	197
264	Deine Höhe zu ermessen	2	35
265	Dein letzte Stunde / wird	7	75
266	Deine Palette / von Weiß bis Schwarz	10	180
267	Deine Worte lautlose	14	174
268	Deiner Ankunft gewärtig	8	112
269	Delikates Profil / auf lachsfarbnem Grund	4	53
270	Dem eine Stunde schlägt	4	99
271	Dem Strom / ruf ich zum	5	136
272	Den Abschrei / des Stürzenden	4	142
273	Den erregten Frühling will ich	2	79
274	Den erträumten Sonntag finden	12	14
275	Den sanften Namen Winona	10	89

Nr.	Gedichtanfang	Bd.	Seite
276	Den Todestribut auf den Augen	14	115
277	Den Wald im Arm	11	34
278	Den Winter durchwartet / daß wieder ein	5	174
279	Den zerschnittnen Leib aus Serpentinen	2	24
280	Denk an Münchhausen / den Zauberer	7	60
281	Denn / ich hab dir	10	169
282	Dennoch herrlich / Staub aus Fleisch	7	103
283	Dennoch Rosen / sommerhoch	13	131
284	Der Abendmund / blutet	8	95
285	Der Abend sterntätowiert / legt an das meerblaue Hemd	8	34
286	Der Acker meines Herzens stand ganz kahl	1	130
287	Der Atomgott / ruft auf	9	7
288	Der Auferstandene / küßt	13	156
289	Der Baum / vor meinem Fenster	14	70
290	Der Becher klingt nicht mehr in meiner Hand	2	92
291	Der Berg predigt / dem atmenden Tal	11	147
292	Der Bergrücken trägt / einen Rock aus Gold	4	48
293	Der Brunnen wartet die Kühle ist bereit	4	77
294	Der / dem Apfelbaum gleicht	12	76
295	Der Dichter // fügt wieder zusammen / das zerstückelte Lied	12	57
296	Der Engel in dir / freut sich über dein	9	152
297	Der Feierabend. Aus den Toren fließen	1	13
298	Der Flügelteppich / von Stiefeln zerrissen	5	93
299	Der Fluß / und sein Delta	6	53
300	Der Fluß / wirft seine Kraft	14	62
301	Der Fragebogen / soll ausgefüllt werden	6	107
302	Der Froschkönig / Regent des Teichs	4	123
303	Der Garten / öffnet seine Rosen	12	73
304	Der Geburtstag / wird immer schwerer	11	72
305	Der goldne Berg / im Gedächtnis	11	38
306	Der große Komet / gekrümmter Säbel	6	59
307	Der Hahnenschrei schneidet	14	16
308	Der haltlose Apfel / fällt dir nicht	7	141
309	Der Himmel fällt / du mußt fliegen	8	47
310	Der Himmel fällt wie eine Frucht	1	41
311	Der Himmel legt mild seine Hände	1	69
312	Der Himmel leugnet nicht seine Sterne	4	64
313	Der Himmel strahlt in blauer Lauterkeit	1	70
314	Der König hat das Land versenkt	2	95

Nr.	Gedichtanfang	Bd.	Seite
315	Der Kuckuck im Laub	5	69
316	Der letzte Vollmond schmeckte süß	2	17
317	Der letzte Vollmond schmeckte süß	4	76
318	Der Mohn öffnet / seinen roten Kelch	9	160
319	Der Mohnmund, schwarzen Schlaf in seinen Zähnen	2	62
320	Der Mond / eingeschlummert im	4	203
321	Der Mond errötet	12	54
322	Der Morgen erzählt	14	197
323	Der Morgen hält / die Sonne im Arm	8	142
324	Der Morgen tönt	4	84
325	Der Morgen tritt in den Raum	4	164
326	Der neue alte / Meister	14	194
327	Der nie stirbt / Tod	10	139
328	Der / Nordwind / umarmt meine / Angst	13	228
329	Der Raum / ein raumloser Gedanke	9	120
330	Der Regen / klopft / an meine Tür	12	169
331	Der Ring / aus Golddraht	14	208
332	Der Rosenstern des Paradiesapfels	2	34
333	Der Schrank / frißt	14	92
334	Der Seher sieht	11	95
335	Der Sommer / feiert Geburtstag	13	210
336	Der Sommer fragt / Warum muß ich schon	9	71
337	Der Spiegel / gibt mich	5	156
338	Der Spiegel sagt / du bist nicht du	6	83
339	Der Spiegel sagt / Sieh du bist alt	9	16
340	Der spröde Stein wird Lehm in seiner Hand	1	89
341	Der Stahlrippenadler / erobert	4	171
342	Der Stern / blutet auf der / Bettlerwange	4	133
343	Der Storch aus meiner / Wortwelt	14	178
344	Der Tag bricht an nach der Nacht	5	90
345	Der Tag / geht seinen Stundenweg	8	132
346	Der Tag ist ein Berg	11	135
347	Der Tag / ist mein Buch	13	23
348	Der Tag / sagt Brot	13	57
349	Der Tod hat / auf mich	14	95
350	Der Tod / kann uns nicht	9	80
351	Der Tod träumt in mir / sein graues Leben	4	156
352	Der Traum vom Glück / wehrt sich gegen mich	9	42
353	Der Weg auf der Landkarte	6	20
354	Der weise / Jakob	4	209

Nr.	Gedichtanfang	Bd.	Seite
355	Der Wind / bläst alles weg	9	100
356	Der Wind kennt / alle Richtungen	13	118
357	Der Winter friert / seine Silberlocken	11	20
358	Der Winter glüht / spürst du	11	22
359	Der Wolfswind heult / sein Atem verschlägt uns	7	132
360	Der Zeiger macht einen Schritt	4	160
361	Der Zirkel / zieht einen Kreis	8	75
362	Des Geliebten Nächte zu entzünden	1	116
363	Des Meisters denk ich, adelig und schlicht	2	104
364	Deutlich leuchten / die Augen der Nacht	12	130
365	Dezember / ( ) sag ich und leg mir	5	167
366	Dich lieben, Lieb ist mehr als Lust und Leid	1	31
367	Dich zu verlassen, bangt mein Menschensein	2	25
368	Die alte Muhme kannte viele Sprüche	1	44
369	Die alte Zigeunerin ist tot	7	73
370	Die Angeklagten / am Ufer	11	48
371	Die Atmosphäre schimmert	14	50
372	Die Augen mit dem Rosentuch verbunden	2	30
373	Die Bachfuge / fliegt in den Himmel	7	37
374	Die Bäume binden sich zu Kränzen	1	125
375	Die Bäume / schlagen schon aus	9	151
376	Die Blauäugigen Schwarzhaarigen	14	17
377	Die blaue / Jubelmaske	14	76
378	Die Blinde am Fenster	14	179
379	Die Blinden sehen / die Luft von kreischenden	10	32
380	Die Botschaft / morgen	8	73
381	Die Bühne schwebt / die Gestalt die sie hebt	8	30
382	Die bunte Rosette / von Chartres	12	129
383	Die Burg / Burgfrieden	14	18
384	Die Dinge schlummern noch	4	135
385	Die dunklen Nebel, die der Tag gesponnen	1	68
386	Die einen sagen sie ritten auf Löwen	5	48
387	Die eingeschneite Straße reicht	4	94
388	Die Erde / gibt mir	12	128
389	Die Farben der Anemonen / werden bleich	9	104
390	Die Fenster flattern angstbesessen	1	146
391	Die Feuerprobe / bestanden	8	56
392	Die / Finsternis wächst	13	133
393	Die Flocken flogen wie verirrte Vögel	1	123
394	Die Flut, die Nachsintflut bricht ein	2	73

Nr.	Gedichtanfang	Bd.	Seite
395	Die Furche / der Erinnerung	11	52
396	Die Gefahr hat / keine Furcht	6	108
397	Die Gefangenen im Turm	5	60
398	Die goldnen Adern / vollblütig	6	128
399	Die Götter / ja wußten sie	8	43
400	Die große Dotterblume / sonnt sich im Schnee	14	12
401	Die großen Worte, die sich farbig spreizen	2	38
402	Die großen Worte / sind verlorengegangen	8	74
403	Die grüne Maske / verschiebt sich	9	26
404	Die Harfe / ist mein Instrument	12	151
405	Die Herzschläge nicht zählen	10	135
406	Die Insel schwimmt / an meine Brust	12	150
407	Die Jahre sind / ein Wettrennen mit dem Tod	4	74
408	Die kahlen Stuben stehn bemoost	1	144
409	Die Kaltzeit / hat die Singvögel	14	195
410	Die lebenslang aufgeschobene / Tibettraumreise	6	136
411	Die letzten Zugvögel / tragen Schnee	5	176
412	Die Luft geht / durch mich wie	6	127
413	Die Luft hat Fieber	5	34
414	Die Luft sagt / ich bin Luft	7	142
415	Die Luft silbert wenn du	4	78
416	Die Mänaden / haben uns nicht verlassen	13	51
417	Die Margariten nicken auf dem Flur	2	85
418	Die Mauer gegenüber	4	144
419	Die Maus / hat ihre / Federn verloren	13	187
420	Die Muse schläft im Park, der jetzt erwacht	2	48
421	Die Musik der Blüte / tönt auf	4	190
422	Die Nacht an die Sterne / kneten	14	8
423	Die Nacht hat / der Mond hat	4	131
424	Die Nacht / ist mein Tag	14	34
425	Die Nacht / ist meine dunkle Kraft	10	51
426	Die Nacht / lehnt an den Mond ihr Gerüst	14	203
427	Die Namen / der Erdteile	14	116
428	Die Nebel kleben an den blassen Wangen	1	148
429	Die Neurose des Abends ist Berührung	4	83
430	Die noch nicht gestorbene Zeit	4	39
431	Die Nordostbrise / singt die Ballade von der	4	170
432	Die novembernen Menschen hasten	4	49
433	Die Nymphen hatten es gut	4	70
434	Die Pappeln werden leer	14	163

Nr.	Gedichtanfang	Bd.	Seite
435	Die Pause braucht mich / um sich zu sammeln	6	88
436	Die Pfauen / sind schlafen gegangen	4	124
437	Die Poren saugen sie auf	5	92
438	Die Post / bringt täglich	4	157
439	Die Quellen murmeln ferne	2	55
440	Die Reede verödet	4	173
441	Die Regensterne sind noch nicht erloschen	4	56
442	Die Rose rostet	14	24
443	Die Rose und ich / duzen einander	10	26
444	Die Rose / vertraut sich	14	53
445	Die Rosen schmecken ranzig-rot	5	15
446	Die Schatten werden lang / Spute dich	9	114
447	Die Schenke ist sein liebster Aufenthalt	1	91
448	Die schöne / Schlange	14	134
449	Die Schönheit der Blumen	11	49
450	Die Schwalben / sind ausgewandert	7	48
451	Die Seele der Dinge / läßt mich ahnen	10	103
452	Die Sekunde / sinkt in der Stunde	4	137
453	Die sich wand um den Stamm	14	52
454	Die Sintflut / aufgeschoben	8	64
455	Die Sonne / der Regenbogen	13	243
456	Die Sonne sagt / schlaf dich wach	6	112
457	Die Sonne sticht / ihr Feuer ins Wasser	7	123
458	Die Sonne übt / ihr Ritual	6	89
459	Die Sonne verschiebt / die Schleier der Dinge	4	152
460	Die Sonnenbiene / hat den Stachel verloren	11	101
461	Die Spiegel sind verteilt an Flüsse	2	15
462	Die Stadt badet im Schnee	4	208
463	Die Stadt breitet aus / ihre Geräusche	12	16
464	( ) die Stadt / über der Stadt	5	161
465	Die Sterne der Blinden	13	19
466	Die Stille hat eine / schrille Stimme	11	103
467	Die Stimme im Draht / ruft mich	6	84
468	Die stolze große grellgeputzte Stadt	1	14
469	Die straffe Haut / der Traube	4	120
470	Die Stube / am Nordpol gelegen	4	58
471	Die Stunde nach der Sklaverei	1	17
472	Die Stunde verebbt	4	146
473	Die Stunden senken sich wie Schatten	1	59
474	Die Tafel / mit dem Griffel verwundbar	14	103
475	Die Tage des Schweigens / sind noch nicht vorbei	13	163

211

Nr.	Gedichtanfang	Bd.	Seite
476	Die Tage fallen / vom Kalender	9	45
477	Die Tage sind ein Gewächs	12	108
478	Die Tage / stürzen vom Kalender	4	50
479	Die Tage werden dünner	5	54
480	Die Tage / zählen dich	7	199
481	Die Tanne im Nachbargarten	12	48
482	Die Taube klopft ans Fenster	4	168
483	Die Trauer / ist ein Vogel	14	42
484	Die Tulpe / schließt die Tür	5	68
485	Die Tür / nicht das Ding aus Holz	5	45
486	Die Uhr macht / keine Sprünge	7	44
487	Die Uhr tickt / deine Jahre tot	8	147
488	Die Uhr vertreibt / meine Zeit	6	9
489	Die Wände, die mich halten, sprechen	1	64
490	Die Wasser drehen meine Seele	2	93
491	Die weiße Kugel / des Löwenzahns	4	202
492	Die Welt denkt mich / und fragt	9	30
493	Die Welt hat manchmal / noch nicht begonnen	6	150
494	Die Welt ist Mai – o alles lächelt Mai	2	99
495	Die Wendeltreppe / dreht sich	13	84
496	Die Wiese summt das Lied der Sommerzeit	2	52
497	Die wir uns / fortsetzen	12	62
498	Die Wolken haben es leicht	9	68
499	Die Wunder / sind verebbt	14	133
500	Die Wurzeln bohren	4	26
501	Die Zäune des Abends	4	200
502	Die Zeit ein Reptil / hat mich gefressen	7	91
503	Die Zeit hat / ihre Augen zugeschlagen	8	9
504	Die Zeit / ist mein Freund	10	18
505	Die zerstörte / Heimathaut	6	14
506	Dies Auseinanderfallen / in Würfel und Kugeln	6	13
507	Dies Blumenbeet	10	33
508	Dies Fleisch / aufrecht / unter farbigen Fetzen	6	50
509	Dies Gesicht / eine Grafik	7	39
510	Dies immense Ich / mit seinen Ansprüchen	9	35
511	Dies ist der Stamm an dem mein Sinn versagt	1	159
512	Diese alten Häuser an der	4	10
513	Diese Blume / ist augenschön	12	149
514	Diese gebrochene Säule / Rauch	5	137
515	Diese Gegenstände aus Metall / ermüden mich	7	23
516	Diese harten Tage	10	63

Nr.	Gedichtanfang	Bd.	Seite
517	Diese letzte Klausur / des Sommers	8	107
518	Diese schalen Straßen und die faden	1	9
519	Diese Schöpfung / aus blauem Weiß	7	128
520	Diese Stunde kneten	13	90
521	Diese Stunde / Überfall Leben	14	117
522	Diese Stunde / wird durchsichtig	6	146
523	Diese weißen / Stirnen der Berge	10	99
524	Diese Windstille / vor dem Sturm	9	51
525	Diese Wunderwelt / Luft Licht	13	81
526	Dieser Aufruhr am Himmel	10	74
527	Dieser herbe Rausch der Fremde	4	15
528	Dieser Straßenlärm / oder ist es Musik	13	14
529	Dieser Tag / vom Regen in die Traufe	10	181
530	Dieses Auseinanderstürzen	13	126
531	Dieses Letzte möchte ich euch sagen	2	16
532	Dieses Restchen Weltende	4	68
533	Distel Drossel / Steine im Strom	14	151
534	Don Quichotte / mein Partner	8	44
535	Dort fließt der Pfad – schon bin ich angelangt	2	27
536	Drei Mahlzeiten / das Bett	10	172
537	Dreizehn Knospen / Das Zimmer blüht	11	14
538	Du bist ausgezogen / die Welt zu lernen	11	102
539	Du bist blind / und taub	14	166
540	Du bist der Gefangene	10	155
541	Du bist ein Mensch, wie Gott ihn urprungs schuf	1	66
542	Du bist ein Rätsel mir von fremder Art	1	102
543	Du bist / unwiderstehlich	12	127
544	Du denkst deinen / strömenden Tag	8	97
545	Du ein Vogel / im Atemland	7	114
546	Du einverleibt / dem Du	13	42
547	Du erwachst / Es ist Tag	4	176
548	Du fliegst über / tönende Berge	12	34
549	Du fragst mich was ich will	10	69
550	Du gingst von mir, gefolgt von meiner Ruh	1	109
551	Du Glockenmund / Sonnenfuß im Süden	12	24
552	Du grüne Schaukel duftiger Schmetterlinge	1	80
553	Du hast dich eingeschlichen	14	189
554	Du hast die Stadt verschluckt	12	43
555	Du hast mit deinen Sternen nicht gespart	2	101
556	Du hast / zahllose Augen	13	73

Nr.	Gedichtanfang	Bd.	Seite
557	Du herrliches / Paris	12	126
558	Du hörst den Baum / Blätter erfinden die Fabel	14	165
559	Du / in Farben gehüllt	14	192
560	Du kein Stein / kennst seinen	7	138
561	Du kommst in die Taubenstadt	14	98
562	Du legst dein Licht in allen Farben	1	95
563	Du / morgens mittags nachts	6	11
564	Du mütterliche Liebe die / stets gibt und nichts verlangt	8	152
565	Du reichtest mir den schimmernden Pokal	1	97
566	Du reifst in mir durch tausend Qualen	1	118
567	Du schreibst und schreibst	7	205
568	Du schwiegst zu mir	14	190
569	Du schwimmst / auf dem Meer	11	124
570	Du sprichst mich an / Hat dein Wort mich erkannt?	8	128
571	Du spürst nicht / daß der Schnee der Jahre	8	57
572	Du suchst dich / in der Freude	9	140
573	Du triffst / in die weiße Scheibe	14	57
574	Du / und der Kirschbaum	6	140
575	Du wanderst / durch die Welt	9	111
576	Du wanderst / in der schwarzen Stadt	12	148
577	Du warst kein Versprechen	13	138
578	Du warst so fern und immer hinter Falten	1	98
579	Du weißt / die Erde ist schwarz	9	19
580	Du weißt, wie diese Tage mir begegnen	1	137
581	Du wirst dich trennen / von den Magnolienbäumen	7	79
582	Du wirst ein Märchenbaum sein	4	104
583	Du wirst zurückkommen	14	200
584	Dunkle Legende / von Blut zu Blut	13	247
585	Durch Bilder gehn / immer	4	192
586	Durch das Fenster meiner grauen	1	11
587	Durch ein / Sternenfeld / schreiten	13	248
588	Durch eine Hintertür / schlich ich	6	25
589	Durch viele Entkleidungen / geht sie	10	22
590	Eh die Zeit anfing / zwischen Himmel und Gras	6	73
591	Ehe der Atlas / eine Wendung macht	14	19
592	Ehe der Traum	4	178
593	Ehernes Gesetz / abgeblättert	13	87

Nr.	Gedichtanfang	Bd.	Seite
594	Ein Buchenblatt / wie aus dem Wald	10	111
595	Ein Chor / erschreckter Stimmen	11	75
596	Ein Engel / lud mich ein	7	165
597	Ein Fall baumlang: / Einfall des Windgeistes	5	175
598	Ein Feuerfisch / flog heute	5	77
599	Ein Gedicht / beginnt nicht	14	169
600	Ein Gedicht / gefunden / ich suche	8	106
601	Ein Gedicht / liegt auf der Lauer	7	9
602	Ein Gedicht kommt zu mir / wenn es will	9	84
603	Ein Gerücht geht um	5	21
604	Ein Gruß / von fremden Lippen	11	118
605	Ein Haarbreit / Wunder	10	160
606	Ein Hauch, der sich zu Tönen weitet	1	51
607	Ein Hauch hängt über den Farben	1	71
608	Ein Haus aus Phantasie / Gedankendach	7	58
609	Ein Heilkraut wächst im Garten eines Traumes	2	69
610	Ein Kind in Angst	14	56
611	Ein Knäuel Worte / Ich halte den Faden	5	178
612	Ein Lied / erfinden	12	147
613	Ein Mensch / der nicht leben will	7	166
614	Ein Mensch wandert / von Land zu Land	8	61
615	Ein Morgen / ohne Geleise	10	178
616	Ein Name / ohne Lettern	4	159
617	Ein paar Sonnenstrahlen	14	46
618	Ein Schmerz / zieht einen anderen	7	115
619	Ein Sommertag mit heißem Atem breitet	1	86
620	Ein Tag im Exil / Haus ohne Türen und Fenster	5	140
621	Ein Tag wie alle / Tage im Jahr	6	134
622	Ein Unglück / aus zersplittertem Glück	7	191
623	Ein Vesuv ist heut' der Himmel	1	42
624	Ein wildes Tosen braust mir dumpf entgegen	2	11
625	Ein Windstoß fährt / in die Papierfächer	6	86
626	Ein Wort erfinden / und den dazugehörigen	11	30
627	Ein Zartoval, zwei Kreise, feuchter Glanz	2	90
628	Eine Atembreite Haar / gescheiteter Berge	9	28
629	Eine Form des Lichts	14	60
630	Eine Frau von Rasse und Temperament	1	38
631	Eine Freundin / backt mir Honigkuchen	9	46
632	Eine goldene Kette / fesselt mich	12	9
633	Eine Insel erfinden / allfarben	7	95

Nr.	Gedichtanfang	Bd.	Seite
634	Eine Insel voller Seerosen	11	71
635	Eine kleine Nachtmusik	14	29
636	Eine Lawine / Zeit	8	35
637	Eine Mauer schiebt sich / vor die andere	13	50
638	Eine Revolte ausgebrochen	14	162
639	Eine Schale Schmerz / eine Glocke Glück	10	171
640	Eine Schnecke / wandert mit ihrem Haus	7	184
641	Eine schräge Strahlengarbe	1	75
642	Eine Spur suchen / im Wasser im Laub	7	117
643	Eine Tasche Welt / Fünfzig Pfund Kontinente	4	79
644	Eine verschwiegene Hand / löscht die Lampe	14	21
645	Eine Wabe Zeit	14	22
646	Eine Welle / Glanz / herangeschwemmt	7	111
647	Einen Drachen reiten / wenn der Fuß versagt	11	7
648	Einen Drachen reiten / wenn der Fuß versagt // Die Sonne erobern	12	56
649	Einen Vertrag machen / zusammenzuhalten	7	109
650	Eingetroffen / im Baumland	7	62
651	Einmal Gott Engel Mutter	11	116
652	Einmal wirst du / ich sein ich	14	153
653	Einst gab es Länder voller Feiertage	1	158
654	Einst / habe ich dich geliebt	14	25
655	Einst hat der / Aussätzige geklappert	12	112
656	Einst war ich / Scheherezade	12	83
657	Einst waren wir / Eins	13	44
658	Einst warst du Blume, Glanz und Stille,	1	77
659	Eintagsfliegen tanzen / ihren Tod	6	70
660	Eintreten / in das Doppelgesicht	12	146
661	Einziehn / in die Bienenmusik	7	171
662	Eisblumen Schnee / jene Schlittenpartie	13	107
663	Eisdornen schneiden ins Fleisch der Nacht	9	148
664	Eisenbahnen bringen die Fremden	5	23
665	Eisgeträumte Harmonie vor einem Augenblick	4	25
666	Eislaken auf Transnistriens Feldern	7	86
667	Elektrischer Engel / im Strom ohne Flügel	5	128
668	Elf Maikäfer / haben mich geboren	13	39
669	Elternschlaf / schwindeltief	5	144
670	Endlos / der Dialog	10	64
671	Endloses Ritual / Zurückgekommen	14	73
672	Endloses Spiel / katzmausen	6	36
673	Eng ist die Erde, unendlich das Fest	1	107

Nr.	Gedichtanfang	Bd.	Seite
674	Enge Gäßchen / quer und quer	5	29
675	»Engel der Geschichte« / Rose und Schwert	10	142
676	Engel schlummern in ihnen	4	183
677	Entlang einer Mauer / ging ich	14	80
678	Er hat seine Masken abgelegt	7	43
679	Er ist der Leib, in dessen Innenraum	2	7
680	Er kam auf linden Flügeln und sah was hier geschah	1	156
681	Er lag und litt. Ich saß an seinem Sterben	4	14
682	Er war ein Lied / seines Landes	6	41
683	Er zieht lange Fäden	5	30
684	Erbarme dich / Herr / meiner Leere	12	114
685	Erblindete Stadt / im Dickicht der Straßen	11	81
686	Erblickst du / die Fata Morgana	14	65
687	Erfahrung sammeln / in Wäldern Bergen	7	11
688	Erhabne Runde! Alle Gipfel glühn	1	76
689	Erhöre meine Bitte / Herr	12	145
690	Erscheine / Kern der Wahrheit	12	144
691	Erwacht / als Stimmen uns trafen	5	180
692	Erzähl mir Alter den keiner mehr kennt	8	25
693	Erzähl mir / deine Träume	10	70
694	Erzengel Luzifer / ich will deinen	6	85
695	Es flog ein Blütenblatt herein	1	145
696	Es gibt noch Lerchen / die nicht verlernt haben	14	77
697	Es heißt / das Meer sei rund	10	36
698	Es heißt / ein Heim haben	10	96
699	Es heißt / zwischen den Zeilen	8	115
700	Es ist alles / anders geworden	8	96
701	Es ist an der Zeit / das Erbe zu verteilen	12	70
702	Es ist ein Schimmer auf der Flur	2	98
703	Es ist nicht wahr / daß du stirbst	7	98
704	Es ist vorbei / Nie / ist es vorbei	10	152
705	Es klopft nicht an die Tür	13	123
706	Es kommen hohe Boten uns entgegen	1	147
707	Es kommt / ein neuer Tag	10	37
708	Es kommt vor / daß man Spiegel	10	179
709	Es kriecht um mich der Autotanz	1	22
710	Es regen sich der Mütter Liebeshände	1	166
711	Es schneit / in mein Herz	14	124
712	Es schneit – Leid – Leid – weißes Leid zerschneit	1	56

Nr.	Gedichtanfang	Bd.	Seite
713	Es schneit / Neujahrswünsche	10	57
714	Es starb ein Schöpfer, und die Dinge sind	1	90
715	Es staunt der Fels, der ragt vor seiner Sicht	1	83
716	Es war einmal / ein Ganzes	13	89
717	Es war einmal / ein Märchenerzähler	11	70
718	Es wäre Zeit / ade zu sagen	9	72
719	Es wird dafür gesorgt	14	75
720	Euch / ihr versunkenen Götter	11	114
721	Eva / die Schlangenfreundin	6	76
722	Fäden ins Nichts gespannt: wir liegen wund	1	138
723	Fahrt / zwischen Haien	6	103
724	Fallen die Welten zu	1	163
725	Farben / die nicht erschrecken	10	140
726	Färbt sich schon der Baum	1	73
727	Federn mit gebrochenem Genick	4	187
728	Fest umarmt von allen Dingen	2	72
729	Festtag in Manhattan / der König	12	17
730	Feuer / brannte ein Loch	14	11
731	Fichten wo der Tag / mit Widerhallatem	5	106
732	Fieberndes / schneehohes Babylon	7	68
733	Finsteres Muttermal	14	113
734	Firnen und Föhren / in Sonne vertieft	4	66
735	Flächen schneiden sich im Augenwinkel	2	84
736	Flieder verführt mich / zum Schwur	10	44
737	Fliegender Atemzug Lippen entlang	2	37
738	Florenz / wunderbare Stadt	12	175
739	Flucht / in Fußspur	11	43
740	Flucht / zur Schlaraffenwiese	14	201
741	Flüchtige Muster Nachmittag auf	14	146
742	Flügel aus dem Ei gebrochen. Samen	5	76
743	Flügge / vom Äther verwirrt	14	186
744	Flugsand / die Stadt steht / im Blitz	13	244
745	Flüssige Halbkreise / tanzen ununterbrochen	10	108
746	Fontänen: / flüssige Vögel	5	72
747	Fortunas / Walzerherz	14	71
748	Fotos / aus der »guten alten Zeit«	7	188
749	Fragt mich nicht / nach meinen Wünschen	8	8
750	Fragt keiner nach den Libellen	7	24
751	Frau Holle / deine Federn	4	127
752	Freiheit / wenn sie dich zwingen	11	143
753	Fremde Dinge wachsen zusammen	9	57

Nr.	Gedichtanfang	Bd.	Seite
754	Fremder Freund	14	86
755	Fremder verlasse / den verlorenen Ort	13	86
756	Freund / du warst / ein Irrtum	13	182
757	Freund, laß deinen Gram zu Grabe fahren	1	67
758	Freundschaft / mit dem / Mondmann	13	161
759	Freundschaft / mit der Mondin	13	203
760	Friedliche Hügelstadt	12	12
761	Frühling augenerfüllt	13	66
762	Fügsame Landschaft von Sonne und Licht modelliert	5	36
763	Führ uns / aus der Arktis	13	236
764	Funken im Fenster / das Fenster ein Vogel	7	131
765	Gäbe es dich / Gott der Liebe	8	129
766	Gärten haben sich entfaltet	2	53
767	Gassen / hinter den Gassen Gärten	5	141
768	Geadelt / wie kein andrer Mythos	4	205
769	Gebetbänder schützten / nicht	10	73
770	Gebeugt / über den Brunnen	11	62
771	Gebt mir / mein Kinderklavier	9	153
772	Gedämpfter Regenbogen flimmert	4	61
773	Gedanken aus Glas	13	82
774	Gedenk der Locken / blond war ihr Haar	10	128
775	Gedichteschreiben / ein Handwerk	8	46
776	Geduldig / die Eselin im Sand	11	53
777	Gefährte aus dem Kolibriland	2	115
778	Gefieder / durchsichtig	13	93
779	Gefräßiges Tier / die glatte Haut / weiß	7	152
780	Gefrorenes Feuer / legt mein	14	102
781	Gefühl des Abstands	11	55
782	Geh den Bienen / aus dem Weg	10	162
783	Geh die Straße entlang	12	49
784	Geh zum Stern / der dir gebührt	9	161
785	Gehen / wohin dein Frageblick	10	13
786	Geht dem Wort voran kommt ihm entgegen	11	140
787	Gekommen die Zeit / ihrer Hochzeit	4	55
788	Gekommen zu sehen	13	25
789	Gelassen / atmet der Tag / sein Ritual	7	125
790	Gelb / leuchtet mir / die Sonnenblume	12	159
791	Gelb und kleinverstreut / als wären wir Küstensand	4	44
792	Genug / Herz verschleudert	13	226

Nr.	Gedichtanfang	Bd.	Seite
793	Geschliffener Spiegel / im Teich	10	90
794	Geschmückt / mit dem gelben Stern	9	59
795	Geschundene Haut / in schwarzer Watte	4	138
796	Gesichter / aus dem Spiegel gestiegen	5	17
797	Gespräche / aus Spreu	8	104
798	Gestern nacht / als wieder der	4	211
799	Gestern nacht / schwamm das Meer an mein Bett	4	129
800	Gestern nahm ich / Abschied von mir	6	27
801	Gestern / weinte der Himmel	14	205
802	Gestürzt / in erstickende Trauer	12	13
803	Gestufte Stadt / im grünen Reifrock	5	10
804	Getauft / von Regen	14	43
805	Getrennt / vom Satz	14	180
806	Getröstet / vom Wort Versöhnung	11	78
807	Getto / Hungermarsch	14	119
808	Gewandert bis kein / Dach überm Haupt	10	87
809	Geweckt / aus / ehernem Schlaf	12	77
810	Gewohnt / auf den Schultern	6	111
811	Gib auf	13	250
812	Gib Kunde / vom Traum	14	193
813	Gib mir dein knospendes Gesicht	1	117
814	Gib mir / den Blick	8	41
815	Giftige Geister lauern am Weg	1	149
816	Glanz und Schimmer in der Stadt	2	105
817	Glasklare Tage / Die Astern halten das Haupt hoch	4	30
818	Gleichzeitig Profile / dem Großaug	5	74
819	Gleise verschoben / der Zug fährt rückwärts	6	92
820	Gletscher / die blaue Himmelshöhle	12	84
821	Glitzernde Vögel / im Flug	6	151
822	Glorreiche Nacht / kommen Sterne	11	8
823	Glorreiche Namen / deiner Schulpflicht	12	71
824	Goldene Schleier liegen auf deinen Wangen	2	32
825	Goldner Schmutz / Mosaik aus Palazzi und Wellen	5	71
826	Goldgehäuse / aus / Vogelruf und Spinnenweb	13	199
827	Goldne Becher rollen auf dem Grunde	1	165
828	Goldne Gespenster / Volle Kelche	13	78
829	Goldne Tage / zieren die Erde	9	38
830	Gotisch türmt sich die Stadt	4	95

Nr.	Gedichtanfang	Bd.	Seite
831	Gott der Finger und Lippen	7	153
832	Gott gab ihnen seinen Garten	2	58
833	Gott / sagt der Mensch	9	61
834	Gott / Schöpfer aller Dinge	12	168
835	Grammatik / meine Alchimie	11	149
836	Gras und Sonnenlaub	4	45
837	Großäugig / ein Kind	11	87
838	Großgmain / schönes Baumgmain	12	91
839	Großstadt / ihre grünen Pausen	11	37
840	Grün / die zahllosen Flügel	10	101
841	Grüne Erde / lehr uns ein paar	10	104
842	Grüne Kugel / noch einen Tag eine Nacht	8	52
843	Grüne Kugel / schwarze Kugel	12	41
844	Grüne Mutter / Bukowina	7	122
845	Grüner Walddiamant	12	11
846	Gute Nacht / Sterne erwachen	7	158
847	Hab / alle Gesetze / gebrochen	13	229
848	Hallelujah / irdisches Wort	7	100
849	Halt dich fest / an einem Zipfel der Erde	4	167
850	Halte mich in deinem Dienst / lebenslang	7	8
851	Hamlet / haßte die Mutter	8	134
852	Handgrün mit hellen / Adern	8	32
853	Häng eine Regenbogenfahne	8	113
854	Hast du eine / neue Legende erfunden	11	139
855	Hast du endlich erlernt deine Rolle	5	94
856	Haus mit durchbrochenen / Wänden	6	52
857	Häuser zusammengerückt / klettern übereinander	6	8
858	Heimatfremde / Tischleindeckdich	7	120
859	Heimatfremde / Tischleindeckdich	10	176
860	Heimatlosigkeit / dir fremde Heimat	12	45
861	Heimgekehrt / in die Fremde	10	19
862	Helles Herbstbild. Goldne Härten	1	15
863	Hemmungslos wie Wasserfälle	2	77
864	Herbst sagt du	5	78
865	Herbst / sein spröder Geist	11	67
866	Hereingefallen / sind wir	13	135
867	Hermetische Blumen / Die Knochen der Stadt	4	204
868	Herr und Heimat / der Hormone des Herzens –	4	33
869	Heute / hat ein Gedicht	8	58
870	Heute ist die Gasse ein / Kinderkarussell	5	31

Nr.	Gedichtanfang	Bd.	Seite
871	Heute ist / die Haut der Erde	11	125
872	Heute Morgen / habe ich mich	9	21
873	Hier, auf der Insel, wo die hohen Träume	1	16
874	Hier bin ich / ein Kind	10	157
875	Hier / fällt kein Apfel	10	55
876	Hier und dort / der Wald	5	179
877	Himmel / aus Wasser	12	31
878	Himmel floridablau / wucherndes Grün	12	15
879	Himmel, Märchenfreund, wie spielen wir in deinen Ätherräumen	2	10
880	Himmelweite / Begegnung	7	127
881	Hinter allen Worten / das Schweigen	10	40
882	Hinter dem Himmel	10	98
883	Hinter der Montagmauer	5	96
884	Hinter der Wand / atmet	8	18
885	Hinter erblindetem Fenster / was sich abspielt im Zimmer	7	189
886	Hinter meinem Frohsinn	14	78
887	Hohe Spitzenschuhe / trommeln auf	4	116
888	Hohl das Haus / auf dem Hügel	7	178
889	Hölderlin / um Gerechtigkeit ringender	7	30
890	Holdes Wunder einer Blume	1	81
891	Holt ihn wieder zurück / jenen	11	128
892	Honiggelbe / Sonnenfedern im Fenster	7	29
893	Hörst du / das Winterherz	14	150
894	Hörst du / die Flöte	12	143
895	Hörst du / mit heller Stimme	13	212
896	Hügel hüpfen / grünen Flaum auf den Wangen	5	118
897	Hunderthäuptig / ein Moloch	5	75
898	Hungerworte / verschlingen	13	111
899	Hurra / brüllen brave Soldaten	9	39
900	Ich atme / das El Dorado	10	138
901	Ich atme Gedichte / im fliegenden Bett	7	14
902	Ich behaupte alles	13	31
903	Ich bekenne mich / zu dir	14	83
904	Ich bekenne mich / zur Erde und ihren	6	141
905	Ich bewaffne mich / mit einem Fisch	6	33
906	Ich bin blind // Ein Vorübergehender sagt	6	82
907	Ich bin der immerfort berauschte Zecher	1	60
908	Ich bin der Sand / im Stundenglas	12	142
909	Ich bin / der unbekannte Soldat	14	114

Nr.	Gedichtanfang	Bd.	Seite
910	Ich bin / die Königin der Nacht	12	157
911	Ich bin die Priesterin der Weizenähren	2	103
912	Ich bin ein Auge für und für	1	79
913	Ich bin ein Baum	11	18
914	Ich bin ein Baum / und atme mein	12	125
915	Ich bin ein Kind	11	107
916	Ich bin / ein Schatten	7	210
917	Ich bin / ein Schatten	10	177
918	Ich bin ein Zirkuskind / spiele mit Einfällen	9	106
919	Ich bin eine Weltreise / aus Briefen	9	119
920	Ich / bin / eine Koralle	13	214
921	Ich bin / im innern Rom / geboren	12	167
922	Ich bin im Zimmer / es ist in mir	6	132
923	Ich bin in deinen Atem eingegangen	2	50
924	Ich bin / in ein purpurnes / Glas genäht	13	185
925	Ich bin in meinem Raume urallein	2	42
926	Ich bin jung / wie die alte Welt	9	127
927	Ich / bin Kain	13	140
928	Ich bin König Niemand	6	34
929	Ich bin / mit allem einverstanden	8	48
930	Ich bin mit Füchsen / gesegnet	13	171
931	Ich bin / mit jedem Du / verwandt	13	222
932	Ich bin / mit meinem Wort	12	106
933	Ich bin nicht / Ganymed	9	89
934	Ich bin / schon lange verschollen	13	154
935	Ich bin vom Stamme Levy	14	87
936	Ich bin weit entfernt / von mir	11	99
937	Ich bleibe im Bild	13	69
938	Ich bringe euch / Worte	10	21
939	Ich danke / den Göttern	13	151
940	Ich denke / an die Eltern die mich verwöhnten	8	45
941	Ich diene / meinem Schmerz	9	14
942	Ich Dulcinea / warte auf meinen Ritter	11	13
943	Ich / eine kleine Blume	13	143
944	Ich entdecke / im Herzen der Sonne	13	160
945	Ich erlaubte dem Wind / durch meinen Sprachraum	7	108
946	Ich erwache / Der Traumfaden	8	127
947	Ich finde / was ich nicht suchte	12	74
948	Ich fische Muscheln aus dem Meer	2	43
949	Ich fliege / durch die Zeit	9	150

Nr.	Gedichtanfang	Bd.	Seite
950	Ich fliege zu euch / mit einem Vogelwort	7	156
951	Ich flüchte / in dein Zauberzelt	8	17
952	Ich freue mich / weiß nicht warum	7	195
953	Ich / fühl es	13	189
954	Ich geh / mit meinen fremden Füßen	12	174
955	Ich gehe ihm aus dem Weg / laufe ihm in den Weg	6	61
956	Ich gehe / im Bett / spazieren	13	218
957	Ich gehe in meiner / gespiegelten Welt	9	56
958	Ich gehe von Haus zu Haus / Bettelmönch	7	47
959	Ich gehöre dir / Fremder	10	182
960	Ich ging in dich hinein wie in ein Feld	1	103
961	Ich glaube an die Wunder	8	89
962	Ich glaube / Liebe deinen Nächsten	12	113
963	Ich glitt durch Dimensionen in den stillen	2	49
964	Ich hab / ein Wort gefunden	12	161
965	Ich hab / mich vergessen	13	17
966	Ich hab nicht sein geblähtes Flitterblau	2	100
967	Ich habe Angst / vor mir	9	79
968	Ich habe / dich geliebt	12	124
969	Ich habe dich / immer gesucht	9	64
970	Ich habe die Schrift geprüft	14	185
971	Ich habe ein Auge verscherzt / bei der Durchsicht	6	15
972	Ich habe einen Dom geerbt	4	198
973	Ich habe einen Spruch für dich verfaßt	10	93
974	Ich habe einmal / an meinen Schatten geglaubt	7	187
975	Ich habe Flügel und / viele Gestalten	11	84
976	Ich habe ihre Schreie / gehört	14	109
977	Ich habe immer alles so begehrt	2	51
978	Ich habe keinen Respekt	8	37
979	Ich habe mein Kind / begraben	9	91
980	Ich habe mich / in mich verwandelt	6	12
981	Ich habe Neapel gesehen	12	27
982	Ich habe nichts als / die Nacht aus	5	61
983	Ich habe / noch nicht aufgehört	13	194
984	Ich haltloser Elektronenkörper	13	80
985	Ich hole die Kastanien / aus dem Feuer	12	105
986	Ich höre das Herz / des Oleanders	8	99
987	Ich kann nicht schlafen / aber	9	105
988	Ich kehre zurück / zu den Puppen des Alltags	9	147

Nr.	Gedichtanfang	Bd.	Seite
989	Ich klage / zieh meine Klage zurück	13	18
990	Ich komme / mit Dornenfragen	5	135
991	Ich komme zu mir / mit leeren Händen	14	148
992	Ich komme zurück / zum Brunnen	11	141
993	Ich krieche / zwischen Gebeten	12	81
994	Ich küsse dich Nacht / meine träumende Heimat	11	132
995	Ich lasse mich tragen / von den Tagen	4	62
996	Ich lausche / dem Monolog des Mondes	13	142
997	Ich leb' im Tal, du wohnst auf einem Berge	1	100
998	Ich lebe allein / mit dem Lied	8	100
999	Ich lebe dich / in mich herein	10	94
1000	Ich lebe in einem Raum / aus Briefen	14	158
1001	Ich lebe in einer Zelle	10	185
1002	Ich lebe in meiner / Verwesung	14	119
1003	Ich lebe ortlos / in meinem Bett	10	163
1004	Ich lebe wieder / die verlorene Zeit	8	76
1005	Ich lege dich / an meine Stirn	12	141
1006	Ich lege die Korallen deiner Worte	1	119
1007	Ich lehne / an einer Wand	13	96
1008	Ich liebe / Berge Bäume Blumen	7	136
1009	Ich / liebe dich / schnurrender Mord	13	188
1010	Ich liebe jeden Tag	9	40
1011	Ich liebe meinen Ritter der mit Mühlen kämpft	4	9
1012	Ich / liege / im Schatten	13	237
1013	Ich liege / mit der Mondsichel	13	191
1014	Ich mache / einen eigenen Raum	13	47
1015	Ich möchte ein Magnolienbaum sein / Jahrhunderte alt	10	150
1016	Ich möchte ein Magnolienbaum sein / jeden Mai blühen	10	20
1017	Ich möchte etwas sagen / ein Wort	7	146
1018	Ich möchte euch segnen	8	27
1019	Ich möchte mich / ins wahre Leben	11	152
1020	Ich möchte reden / doch ich kann nicht	12	166
1021	Ich / Mosestochter	13	193
1022	Ich nehme Zuflucht / zur Flucht	7	135
1023	Ich öffne / alle Türen	10	53
1024	Ich öffne das Fenster	9	65
1025	Ich öffne mein Zimmer	13	99
1026	Ich rede / von der brennenden Nacht	7	204

Nr.	Gedichtanfang	Bd.	Seite
1027	Ich reite durch den reifen Raum	1	63
1028	Ich sage allen / bleibt mir vom Leibe	13	55
1029	Ich sage / du und ich	8	29
1030	Ich sage ich / und weiß nicht	13	75
1031	Ich sah im Traum dich auf der Totenbahre	1	105
1032	Ich sammle / meine Verluste	13	149
1033	Ich schäle den Tag / harte Nuß	10	117
1034	Ich schlage die Zeit tot / mit dem Hammer	7	129
1035	Ich schließe / den Himmel	13	60
1036	Ich schmücke / einen Osterbaum	13	162
1037	Ich schneide grün die Bäume	10	10
1038	Ich schreibe / auf meine Handfläche	12	89
1039	Ich schreibe / das letzte Kapitel	14	111
1040	Ich schreibe mich / ins Nichts	10	144
1041	Ich schüttle / einen Apfel / vom Traum	7	214
1042	Ich seh mir alle Augen wund / an Wunden	11	98
1043	Ich suche / eine Insel	14	206
1044	Ich sehne mich / nach Licht und Liebe	12	165
1045	Ich sing das verbotene / Apfellied	6	98
1046	Ich spanne / eine Seufzerbrücke	13	200
1047	Ich spiele wieder / mit der Ferne	11	24
1048	Ich spüre / den klaren Zug	12	140
1049	Ich such dich / im Lande meiner Träume	14	211
1050	Ich suche dich mit tausend Seelen	1	126
1051	Ich suche / die Grenze	13	110
1052	Ich suche Gott / und finde ihn	12	164
1053	Ich tanze auf Eis / Wind mein Partner	11	77
1054	Ich trag meine Urne / verläßliche Uhr	7	41
1055	Ich träume dich / Freund	14	213
1056	Ich träume mich satt / an Geschichten	11	151
1057	Ich trete durch das Goldportal	2	94
1058	Ich trete ein / in meine Augen	9	23
1059	Ich trete in den Mittelpunkt des AMEN	2	117
1060	Ich tröste mich / mit dem geträumten Meer	7	134
1061	Ich vergesse dich nicht / König David	10	84
1062	Ich vergesse nicht / das Elternhaus	9	63
1063	Ich verliere mich / im Dschungel der Wörter	6	91
1064	Ich verliere mich / im Nichts	13	34
1065	Ich verzichte / auf den Glanz	12	139
1066	Ich verzichte / nicht / auf Blumen und Musik	9	67
1067	Ich / Vogel Ohneziel / mein Nest	9	70

Nr.	Gedichtanfang	Bd.	Seite
1068	Ich wähnte schon es sei des Lebens Ende	2	91
1069	Ich wandere / zum Herzen des	11	25
1070	Ich war / ein Vogel	13	165
1071	Ich war einmal ein Hund	4	87
1072	Ich war einmal / in Spanien geboren	12	21
1073	Ich wehre mich / gegen mich	14	202
1074	Ich weiß, du bist ein Herz voll junger Rosen	2	21
1075	Ich weiß nicht wie es kam	5	86
1076	Ich werde / die Nüsse / nicht zählen	13	233
1077	Ich werde neue Wälder wachsen lassen	1	155
1078	Ich werde nicht müde / anzuschaun	6	147
1079	Ich werfe dir zu / einen Gedanken	10	30
1080	Ich widme mich / dem Feuer dieser Tage	12	156
1081	Ich will, Geliebter, jene Wege finden	2	63
1082	Ich will nicht / nach deiner Pfeife tanzen	10	43
1083	Ich will / noch einmal	12	176
1084	Ich wohn / auf einer Toteninsel	13	205
1085	Ich wohn / auf einer Zauberinsel	13	159
1086	Ich wohne im Niemandshaus / mit Vögeln	10	165
1087	Ich wohne in einer Stadt	10	146
1088	Ich wollte dir / eine Rose dichten	14	154
1089	Ich zähle die ersten / Buchenblätter und lege	6	54
1090	Ich zog aus / das Leben lernen	13	121
1091	Ich zog aus / das Leben zu lernen	10	174
1092	Ichworte Duworte / die dich verwandeln	8	105
1093	Ihr fünf Steinfrauen	5	8
1094	Ihr Häuser namenlos mit verrauchten Augen	5	25
1095	Ihren langen Atem / schenkt sie Welten	7	32
1096	Im Abendwinde schaukeln Blumenschwärme	1	153
1097	Im anonymen Zimmer / mein Zelt aufgeschlagen	6	137
1098	Im Aschenregen / die Spur deines Namens	7	89
1099	Im Baum / die Amsel / singt	9	66
1100	Im Boot / sind Fischer und Beute	9	118
1101	Im Dickicht den / Weg verlieren	14	41
1102	Im echten Kunstgriff / erfunden	9	88
1103	Im endlosen Uhrwerk / das Märzrad	14	54
1104	Im Fenster steht die Landschaft	7	179
1105	Im feuchten Reich die dunklen Schichten	2	83
1106	Im Flug / das Weite suchen	7	148
1107	Im Frühling und Sommer / bereitet vor das Fest	11	29

Nr.	Gedichtanfang	Bd.	Seite
1108	Im Frühling / verkaufe ich	10	109
1109	Im Garten / atmet die Zeit / freier	12	88
1110	Im Geäder des Tags	5	43
1111	Im Gedankenlicht / les ich die Schrift des Verborgenen	9	97
1112	Im Geschäft wo / alles vorrätig ist	14	51
1113	Im / Glaswald verirrt	13	241
1114	Im goldgeweinten Nachmittag	4	47
1115	Im Herbst / sind die Häuser	6	39
1116	Im Herzen der Welt / schneidet er	7	40
1117	Im Heuschreckenland / verhungerten wir	1	142
1118	Im Himbeerbeet / blüht Deine Trauer	10	17
1119	Im Himbeerstrauch / dein Gesicht	14	132
1120	Im Himmel / wo die Welten / blühn	12	123
1121	Im Hof die Frauen / mit Bingo und	11	79
1122	Im Käfig / stellt er sein Hungern	8	136
1123	Im Kerker / ich träume / den Apfel	5	139
1124	Im Königreich der Luft / atmet die Poesie	10	122
1125	Im Körper die Körperchen	14	40
1126	Im Laub noch schlägt / elegisch / die Nachtigall	8	141
1127	Im Leuchtfeuer des Abendrots	13	134
1128	Im Louvre hängt das	14	188
1129	Im Märchenland / blüht die Poesie	12	138
1130	Im Maskensturz / das fünfsinnige Hier	14	196
1131	Im Meer / wartet / eine Arche	6	35
1132	Im Morgenland / als Prinz Jusuf geboren	8	40
1133	Im Mund des Mondes / wachsen Legenden	13	167
1134	Im Nebelhemd / die Sonne	4	177
1135	Im neuen Jahr / grüße ich	10	65
1136	Im nördlichen Park	7	25
1137	Im Osten des Herzens / geht die Güte auf	5	80
1138	Im Pruth hüpften die	14	187
1139	Im Regenrock / Blick betränt	13	33
1140	Im Schatten der Mütter / haben Kinder	6	119
1141	Im Schneefest / festgefroren das Glück	9	60
1142	Im Schneehemd / fallen flüchtende Engel	11	57
1143	Im seidigen / Maigrün / einer Frühlingsnacht	12	122
1144	Im Siebenmeilenschlitten	13	40
1145	Im Silberdunst / am Horizont	8	50
1146	Im Sommer / hör ich die Bienen	13	144
1147	Im Sonnengold / dies bunte Muster	9	116

Nr.	Gedichtanfang	Bd.	Seite
1148	Im Spiegel verschoben / mein Gesicht	13	32
1149	Im Spiel der grünen Kräfte	13	37
1150	Im Tautropfen / das Auge Tausendschön	14	27
1151	Im Traumorient / vieltausend Nächte	9	27
1152	Im übersättigten / Hungerjahrhundert	6	109
1153	Im Umkreis / meiner Liebe / zum All	12	121
1154	Im unendlichen / Blau oder Grau	10	170
1155	Im verbrannten Hof / steht noch der Brunnen	6	113
1156	Im vergänglichen Trug	13	29
1157	Im Wanderwald / wachsen	14	90
1158	Im Windbrunnen / ertrinken	14	48
1159	Im wunden Wald / wo die Vögel schweigen	4	163
1160	Im Zauberraum / als Vogel im Flug	8	111
1161	Im Zeiten- / Karussell	12	35
1162	Im Zimmer duften die Levkojen	9	94
1163	Im Zimmer voll nichts und voll niemand	5	62
1164	Immer blühen heilge Gärten	2	67
1165	Immer brennt mir / ein Stern im Aug	4	143
1166	Immer geht Atlantis unter	5	44
1167	Immer komm ich / zurück	10	184
1168	Immer neu / Blüte / Gras	13	85
1169	Immer / neue Schönheiten	10	134
1170	Immer offen / der Kreis	7	186
1171	Immer sind es Bäume / die mich verzaubern	14	23
1172	Immer sind es / die Menschen	10	186
1173	Immer singt der Samowar	7	63
1174	Immer träume ich zurück / zu deinen Städten	11	51
1175	Immer träumte ich nach Prag	8	51
1176	Immer verbunden / mit dem Nichts	14	104
1177	Immer von neuem sterben / und auferstehn	9	115
1178	Immer von sich weglaufen	9	55
1179	Immer warte ich / auf Wunder	12	137
1180	Immer wieder / hinausschieben	14	199
1181	Immer zählen / und rechnen	9	96
1182	In Afghanistan wachsen Teppiche	7	65
1183	In allen Hallen plappern Uhren	5	16
1184	In allen Ländern / hausen Barbaren	10	168
1185	In allen Richtungen / fliegen	7	163
1186	In Blut und Wasser geboren	6	125
1187	In das Mondhorn / blase ich	13	166
1188	In deinem Herzen wächst das zarte Licht	2	106

Nr.	Gedichtanfang	Bd.	Seite
1189	In deinen Augen steht das Wort geschrieben	1	96
1190	In den Abgrund sinken / abgelegte Epochen	4	213
1191	In den Hundstagen	11	61
1192	In den Katakomben des Schlafs	4	115
1193	In den Tag gehn	13	26
1194	In den Vergißmeinnichttagen	4	21
1195	In den Wind geschlagen	13	116
1196	In der beschützten Stadt / giebelrotes Gassengebirge	7	72
1197	In der Drachenwohnung / haben wir uns eingerichtet	6	66
1198	In der Eulenzeit / leben wir	7	88
1199	In der Fremde / daheim	10	23
1200	In der größten Stadt den Herbst erfahren	2	28
1201	In der Hütte / am entlegenen Ort	5	109
1202	In der Milchstraße	14	30
1203	In der Mitte der Metropole	4	149
1204	In der Mondsubstanz / aus geborgtem Licht	5	58
1205	In der Nacht trat ein Schatten an mein Bett	4	67
1206	In der Nachtkrippe / schaukelt	4	122
1207	In der Nebelzeit / aus Nebelgeschlecht	10	52
1208	In der Sänfte / gleite ich	13	190
1209	In der Schlacht / geschlagen	6	56
1210	In der Sonne ist die Gasse erregt	9	54
1211	In der Spirale / aus Rauch	5	7
1212	In der Tonne wohnen / wie jener Grieche	11	112
1213	In der Vase / das Rosenherz	11	100
1214	In der Wintersonne	13	108
1215	In die Urne Erinnerung / zurückgelegt den Weg	5	164
1216	In dieser Rauchzeit / ist der Glaube erstickt	14	149
1217	In Dornenadern / das geklärte Blut	5	53
1218	In einer dunklen Zelle / wohnt der Wahn	10	110
1219	In einer / Festung aus Büchern	12	120
1220	In einer Mainacht / mir anvertraut	7	55
1221	In erträumten Türmen	5	157
1222	In grüner Gracht / dein Gesicht	4	185
1223	In Hast / Wind / ein Gespräch mit dir	5	177
1224	In hermetischer Stille / begraben	7	31
1225	In jenen Jahren / war die Zeit gefroren	5	113
1226	In kalten Nächten wohnen wir	4	12

Nr.	Gedichtanfang	Bd.	Seite
1227	In meinem Auge, das nur Abend schaut	1	84
1228	In meinem Rücken / atmet die Welt	9	50
1229	In meinem Turm schloß ich mich selber ein	2	87
1230	In meinem Zimmer / rosenhäutig	10	14
1231	In meinen Tiefträumen / weint die Erde / Blut	8	92
1232	In meiner Stube wird es dämmernd still	2	96
1233	In meiner / Traumorchidee / spüre ich	12	119
1234	In schwarzen Kutten	11	120
1235	In seinen Trichter / fallen Töne	7	38
1236	In Stunden zerstückelte Zeit	4	186
1237	In uns / fließt das Blut	11	26
1238	In unserm Herzen ist die Nacht zu Haus	1	141
1239	Ins zauberische Schneefeld pflanzen	4	80
1240	Irre / angeln / den Mond	13	119
1241	Isoliert / dem Fuchs verfallen	12	65
1242	Ist dein Gedicht / nicht Kristall	7	17
1243	Italien / mein Land der Terrassen und Trauben	5	70
1244	Italiens Zypressen / neigen sich nicht	12	38
1245	Ja sagen / zum Leben	7	74
1246	Jahre und Jahre / aus der schnellebigen Zeit	10	132
1247	Jahrzehnte / in die Wangen gekerbt	6	121
1248	Januar / das neue Jahr	8	114
1249	Jede Berührung belohnt	14	137
1250	Jeden Nachmittag / auf derselben Bank	4	22
1251	Jeden Tag / kommt der Briefträger	11	11
1252	Jeden Tag sterbe ich	14	107
1253	Jeder Tag / zündet sein eigenes Licht an	10	25
1254	Jenen / verlorenen Zeiten	13	148
1255	Jener Berg / aus metallenen Bäumen	10	42
1256	Jenseits der Regenländer / lebt die erlauchte Fee	4	165
1257	Josef / umarmt den Staub	14	212
1258	Jüdische Zigeunerin / deutschsprachig	9	49
1259	Jung und schön / sie hatte schon	14	96
1260	Käfer im Bernstein verewigt	4	28
1261	Kamillen / Die grünen Jahre	5	84
1262	Kam nicht heim / die Mutter	6	40
1263	Kann es sich nicht begeben	4	153
1264	Karpatenschnur / am Kinderhals	4	158
1265	Karpfen liegen auf dem Rücken	1	170
1266	Karussell / im sausenden Kerker	7	162

Nr.	Gedichtanfang	Bd.	Seite
1267	Katze aus Schnee / Bernstein aus Schlaf	14	112
1268	Kein Augenblick / verloren	14	210
1269	Kein Requiem / die Toten behalten	9	129
1270	Kein Wieder-Wiedersehn / die Heimat	7	94
1271	Keine andere Botschaft als / Wiederholung?	5	148
1272	Keine Blumen gepflanzt / das sei überflüssig	6	120
1273	Keine Gedichte / im Augenblick	13	137
1274	Keine Schachspielreime / Kein Rösselsprungbrett	7	182
1275	Keinem Sturm gefällig, steht die Mauer	2	110
1276	Keinezeit keinezeit keinezeit	4	24
1277	Kennst du / das Märchen	9	125
1278	Kennst du / den Zauber	12	136
1279	Kennst du / die algebraische Formel vom Leben	9	86
1280	Kennst du die Straße / die zum Hades führt	10	62
1281	Kennst du die Worte / zu den Melodien	10	131
1282	Kennst du meine Adersprache	14	88
1283	Kennt ihr Pablo Neruda / den Freund	10	145
1284	Kleine japanische Birne	14	14
1285	Kleine reizende Eidechse	11	110
1286	Klopft die Taube ans Fenster	5	145
1287	Komm / einen Atemzug näher	12	135
1288	Komm Engel / treib uns	13	209
1289	Komm Freund / dieser gewundene Weg	8	153
1290	Komm, laß uns lautlos in den Abend gehn	1	53
1291	Komm mit Hochzeitsjuden / zum Taschentuchtanz	6	97
1292	Komm mit mir / ins Wolkenkuckuckshaus	9	73
1293	Komm Vogelgedanke / niste in meinem Ohr	9	92
1294	Komm / der König des Karnevals	13	235
1295	Kommt ein Vogel / ans Fenster	11	129
1296	Kommt nicht / verspätet / again and again	4	106
1297	Kommt nicht wieder / die Zeit	7	212
1298	Kommt wieder / die unerwartete Landschaft	4	196
1299	König Tag / hat sein Tagwerk / getan	12	53
1300	Königlich arm / den Wortschatz	7	87
1301	Königskerzen in Brand	14	37
1302	Kostbar der Herzschlag / jeder Minute	7	198
1303	Kostbarkeiten in den Kammern	4	6
1304	Kraft an Kurven geübt / der Wind hat	7	66
1305	Krähenschrei / Schnee wächst wie eine Blume	13	172

Nr.	Gedichtanfang	Bd.	Seite
1306	Kranz im Wind / Nebelflagge	11	97
1307	Kränze / aus Flocken	5	147
1308	Krause Dinge, scharfe Lichter	2	88
1309	Kreis an Kreis in Kreisen	12	20
1310	Kreisschwarze Botschaft / der Raben	12	44
1311	Kreuzwege / Krümmungen	7	118
1312	Kristalle / unregelmäßig	7	181
1313	Kugel grüne / noch einen Tag	13	112
1314	Kugeln / aus Prismen und Luft	7	56
1315	Küste Schiffe und Matrosen	4	7
1316	Ladenmädchen / Gestelle aus	5	18
1317	Land verloren / die vertrauten Dinge	6	30
1318	Länder aus Papier	4	180
1319	Landschaft die mich / erfand	7	64
1320	Landschaft vom Wasser getüncht der Wind	5	27
1321	Lang hab ich dir zugesehn / Welt	7	15
1322	Längst sind die Toten / auferstanden	13	98
1323	Langweile / was ist das	8	53
1324	Lausche dem Läuten / der großen Glocken	11	45
1325	Laute Träume / weckten	13	94
1326	Lauter das Oval	4	179
1327	Laß das Kennwort / aufblühn	6	16
1328	Laß die friedlichen Pappeln	14	123
1329	Laß es geschehen / Himmlischer	10	97
1330	Laß mich / dir entgegenblühn	12	118
1331	Laß mich finden / das Urwort	13	22
1332	Laß mich / nicht allein	12	134
1333	Laß mich nicht allein / Meine Sorgen	12	107
1334	Laß uns / die Schlange einschläfern	10	71
1335	Laß uns, Sterne der Gnade, nicht vergessen	1	161
1336	Laßt mich mit meinen / verschollenen Legenden	6	63
1337	Laß uns einziehn / ins Glockenhaus des Märchens	8	109
1338	Laßt uns feiern / den Flug	7	45
1339	Laßt uns sein / was wir sind	10	183
1340	Laßt uns spielen / ehe der Lebenstraum einschläft	8	66
1341	Leben will ich / halten das Leben	8	60
1342	Lebloses Wasser das / alles Lebende	14	105
1343	Leergelebte Reminiszenzen	14	110

Nr.	Gedichtanfang	Bd.	Seite
1344	Leg meinen Traum / zu deinem	8	81
1345	Leiter aus Schatten und Äther	2	80
1346	Letzte Wiederkehr / ins Nichts	13	144
1347	Lichter strahlenentsandt	4	42
1348	Lichter im Fenster / das Fenster ein Vogel	9	143
1349	Lichtfarbner Falter / Flügel verwirrt	8	33
1350	Liegen wir nicht / begraben unter den Steinen	4	57
1351	Lilienbach / und / Abendwiese	13	223
1352	Luft / die flüchtende	9	142
1353	Luftländer / mit wunderbaren / Trapezen	7	121
1354	Luna / tote Mondgöttin	9	144
1355	Lyrik / schüttle die Wörter	4	193
1356	Mach dir keine Sorgen / um meinen Tod	7	76
1357	Mach leicht meine Landschaft	5	105
1358	Mach wieder / Wasser aus mir	7	77
1359	Mädchengesicht / aus sechzehn Jahren	4	141
1360	Magische Macht / einer Stunde	8	7
1361	Mählicher morgender Schein schneit wie ein Nachtalp herein	1	23
1362	Mai / mein Monat	7	144
1363	Mai / mein Monat / du streust	12	117
1364	Man brachte mich / ins Verlies	9	22
1365	Manche haben sich gerettet	5	114
1366	Manche Worte / strahlen	13	58
1367	Manchen Antennen / vertrau ich	11	85
1368	Manchmal bin ich / die Herzkönigin	10	149
1369	Manchmal erwachst du als Gasse	4	19
1370	Manchmal / spricht ein Baum	10	31
1371	Manchmal / wenn die Nacht	7	139
1372	Manhattan ruht	5	158
1373	Mann und Frau. Sie trafen sich in der Bar	1	39
1374	Margerite ich rupfe und / zähle die Liebe	11	47
1375	Meer und Hudson reichen sich die Hände	1	18
1376	Mein Architekt / baut Mauern	14	138
1377	Mein / aus der Verzweiflung	9	17
1378	Mein Blick ist rund, rund wie der Himmelsrand	2	64
1379	Mein Flügelbett / fliegt mit mir	7	67
1380	Mein Freund und ich / sind einverstanden	12	111
1381	Mein Gedicht / ich atme dich / ein und aus	7	10
1382	Mein Handwerk hat / einen papiernen Boden	14	182

Nr.	Gedichtanfang	Bd.	Seite
1383	Mein Haus aus Schnee / schmilzt / die Flügel welken	9	95
1384	Mein Heiliger / heißt Benedikt	9	109
1385	Mein Heimweh / ist ein Stacheltier	13	186
1386	Mein Herz erschauerte wie eine Saite	1	124
1387	Mein Herz erträgt nicht solchen Höhenzug	2	19
1388	Mein Herz ging nackt umher in diesen vielen	1	122
1389	Mein Herz ist grün und meine abertausend Glieder	16	9
1390	Mein Herz ist voller Muße	2	81
1391	Mein Leben lebt durch deine Liebe auf	1	29
1392	Mein malendes Leben / ich schöpfe Licht	7	33
1393	Mein Meer / bewahrt mir die Treue	14	128
1394	Mein Papiertempel / aus Palästina	6	77
1395	Mein Schlüssel / hat das Haus verloren	6	58
1396	Mein schwarzer Riese	5	50
1397	Mein Stern hängt / an ihrer Nabelschnur	8	62
1398	Mein ungebornes Kind, das ich einst träumte	2	112
1399	Mein Tulpenland / ein Reich ohne Raum	5	150
1400	Mein Vaterland ist tot	8	94
1401	Mein Volk	14	209
1402	Mein Zimmer / hat viele Türen	6	87
1403	Mein Zimmer / voll leerer Käfige	7	167
1404	Meine Ahnen / waren unbescholten	12	116
1405	Meine bemoosten Finger / halten den jungen Stift	7	18
1406	Meine Farbe ist weiß	9	123
1407	Meine Freundin am Strand	5	35
1408	Meine gefrorenen Worte	10	27
1409	Meine Haut / tätowiert / mit verworrenen Zeichen	6	110
1410	Meine Liebe zum Geheimnis	9	58
1411	Meine Mutter ist / mein Beichtvater	11	23
1412	Meine Mutter / schenkte mir die Erde	11	126
1413	Meine Mutter war einmal ein Reh	5	97
1414	Meine Tochter zürnt mir	11	63
1415	Meine Tränen erreichen nicht / den Himmel	9	126
1416	Meinen Namen verloren / im Dunkel	7	209
1417	Melancholie / dein Suchen nach Menschen	13	30
1418	Melancholie / vorabendblau	6	118
1419	Melancholie / wenn die gleichen Wörter zu dir	11	89

Nr.	Gedichtanfang	Bd.	Seite
1420	Melancholischer / Mond / über / Slums	5	160
1421	»Melonie« / »Minka« vergessen	8	140
1422	Mensch Schlange Berg der Vogel	10	124
1423	Menschen haben mir / mein Ich verboten	12	92
1424	Menschen / singen kommen zusammen	9	41
1425	Merkst du nicht	14	136
1426	Messing des Mondes / Du	6	129
1427	Mich trösten / kindliche Träume	13	174
1428	Milch des Morgens / sickert durchs Fenster	8	110
1429	Mimosen lege ich / zwischen die Zeilen	14	81
1430	Mir träumte / ein Freund sei gekommen	8	119
1431	Mit abertausend Gesichtern / Wolkenwangen	12	68
1432	Mit abertausend Lampen und Laternen	1	21
1433	Mit allen Worten / die Sprache des Geistes	8	13
1434	Mit alten und neuen / Landschaften	7	190
1435	Mit blinden Sternen	14	144
1436	Mit dem Akazienduft	10	12
1437	Mit dem Dornbusch / warten	8	36
1438	Mit dem Erlkönig / reiten	11	73
1439	Mit dem Gedankenrad / sich drehen	8	122
1440	Mit dem lungenkranken Dichter / litt ich im Ghetto	8	11
1441	Mit dem Maulwurf hab ich mich verbrüdert	5	65
1442	Mit dem Rotstift / kreuze ich die Festnächte an	11	150
1443	Mit dem Sieb / schöpfe ich Wasser	6	106
1444	Mit dem Tag / in die Nacht ziehn	7	90
1445	Mit dem Tod verlobt / ins Leben verliebt	8	151
1446	Mit dem Vogel Rock	10	159
1447	Mit dem Wasser / sprechen	14	183
1448	Mit den holprigen Jahren / wachsen die Wände	13	155
1449	Mit den Wänden / um die Wette	13	103
1450	Mit den Zugvögeln / nach Süden ziehn	11	134
1451	Mit der Schnecke im Schritt	4	101
1452	Mit einem roten Knoten / verbünde ich die Heimatländer	13	173
1453	Mit einem Winterwort / segnet der Himmel	11	142
1454	Mit einer Pappel / als Feder	12	72
1455	Mit einer Purpurkette / Haut an Haut	9	34
1456	Mit erznen Schwüren / flieg ich zum Horizont	13	175
1457	Mit / Fingerspitzen rühre ich	13	169
1458	Mit fransigen Fichten / in Dorna	6	60

Nr.	Gedichtanfang	Bd.	Seite
1459	Mit geröteten Wangen	4	188
1460	Mit goldnen Deckeln / das Buch	11	46
1461	Mit Habgier / ruf ich deine Seele	13	168
1462	Mit / hartem Griffel	13	211
1463	Mit leisem Flügelschlag / dieser Vogel	9	98
1464	Mit Maiglöckchen / läutet das junge Jahr	11	153
1465	Mit meinem Blau / male ich Sterne	7	28
1466	Mit meinem Erdwort / Fremdwort	8	80
1467	Mit meinem Gefährten / Leben	8	55
1468	Mit meinem Haar / näh ich	11	90
1469	Mit meinem Schweigen	14	207
1470	Mit meinem Seidenkoffer	12	110
1471	Mit meinem Volk in / die Wüste gegangen	7	93
1472	Mit neuen Gedanken / alt werden	8	71
1473	Mit Purpurflügeln / streift der Sommer	10	112
1474	Mit Quecksilberworten / die Welt begrüßen	11	82
1475	Mit schlaffarbner Stimme / murmelt der Mond	9	155
1476	Mit sechsundzwanzig Buchstaben / feiern	14	167
1477	Mit seidensanftem Leuchten	13	204
1478	Mit Siebenmeilenflügeln / um den Nabel der Erde	9	25
1479	Mit Siebenmeilenwünschen / um den Nabel der Erde	7	206
1480	Mit Silberstimmen / reden Fische von meinem	9	110
1481	Mit Tausendworten / sagst du dich	8	79
1482	Mit tiefen Fingerabdrücken / erreicht uns	8	103
1483	Mit verbundenen Augen / die Wurzeln des Himmels	10	83
1484	Mit vielen inneren Uhren	4	82
1485	Mit / Vineta in das Meer / versunken	13	231
1486	Mit Vogelfeder / gezeichnet	8	118
1487	Mit Wäldern und Bergen / befreundet	12	47
1488	Mit weißem Stab / durch die Wüste	7	161
1489	Mit Wörtern / bekritzelte Nacht	6	17
1490	Mit Worten / seinen Besitz zählen	7	151
1491	Mit zahllosen Händen / greift die Zeit	12	82
1492	Mit Zigeunern wandern	4	125
1493	Mit Zwergen / und mit Riesen	13	176
1494	Mitreisend / der Mond	5	166
1495	Modulation / einer Stimme	14	162
1496	Mohnflaum im Kissen / unter den Füßen	11	145

Nr.	Gedichtanfang	Bd.	Seite
1497	Mohnsterne / im schlafreifen Kelch	4	121
1498	Mond / Traum	13	179
1499	Mondgelbe Mimose / zart wie ein Hauch	14	33
1500	Mondrianmuster / Manhattan	8	85
1501	Mondrianspiel / Manhattans Würfel	5	24
1502	Monotone Etüden / die Regenlitanei	6	74
1503	Monumente vermummt / in glitzernde Kutten	4	134
1504	Morariugasse / hier wohnen wir	9	138
1505	Morgens / eine Nachtigall	13	146
1506	Moschee aus Stein	5	91
1507	Müde / täglich Koffer besteigen	10	147
1508	Mühelos erklimmen die Kranken	5	64
1509	Mühle die mahlt / schnell schneller	14	59
1510	Mund des Geliebten, du mein roter Kahn	1	120
1511	Mund / Mund der spricht	14	159
1512	Muschelmuster / die Toten schimmern	6	123
1513	Musik balsamiert / in der Jukebox	8	12
1514	Mutter und Vater	14	143
1515	Mutter, Wesen, das um mich gewesen	2	111
1516	Nach dem / Feuertanz	13	181
1517	Nach dem Karneval kamen die Magertage	5	111
1518	Nach der Nullstunde	14	155
1519	Nacht an Tag an Nacht / kein Zeiger	7	164
1520	Nacht / die mich schreibt	9	159
1521	Nacht schwarze Mutter / die meine Bilder gebärt	8	133
1522	NACHT / Wehmut und weites Vergessen	4	34
1523	Nachts bin ich / ein anderer	13	83
1524	Nachts schwimme ich / im Strom der Sterne	9	20
1525	Nachts / wenn die Gedanken / einschlagen	13	20
1526	Nackte Ankömmlinge / von der Brandung / begrüßt	6	94
1527	Nadeln ziehn scharfe Fäden	14	64
1528	Namenlose Gesichter // Im Augenspiegel	4	175
1529	Narzissen / mit goldweißem Duft	11	109
1530	Natürlich kann man / der Spinne zusehen wie sie	11	68
1531	Nebel goldne Augen klagende Stimmen	5	115
1532	Nebelwogen // Pappelwipfel	13	198
1533	Nehmt / meine Wiederworte	11	133
1534	Neonwunder / auf die Netzhaut gebannt	8	49

Nr.	Gedichtanfang	Bd.	Seite
1535	Neue Zeichen / brennen	13	183
1536	New York fasziniert	4	16
1537	Nicht den duftenden Nebel über Arosa	5	79
1538	Nicht geglückt / die Ehe mit dem Schlaf	14	191
1539	Nicht Schnee / Weißer die Zeichen	8	93
1540	Nicht wissen / wie die Minuten	13	125
1541	Nichts / tröstet	13	141
1542	Nie gehn sie aus / fallen leichter als Luft	5	123
1543	Nie versagt / die Sonne	7	176
1544	Nie / werde ich / die Drossel erreichen	11	80
1545	Nie zuvor / ward der Mond	11	96
1546	Nimm / deinen Körper	7	116
1547	Nimm den Hut ab	4	181
1548	Nimm den Kranz von deiner Stirn	2	20
1549	Nimm die Geranien in Schutz	5	95
1550	Nimm die Sprache / zum Zeugen	13	54
1551	Nimm ein Licht / in deinen Traum	13	53
1552	Nimm eine Schlaftablette / und warte	9	33
1553	Nimm / keinen Schritt zurück	7	211
1554	Nimm meine Worte	14	168
1555	Nimm mich gefangen / Glück	10	173
1556	Nimm mir / meine Geburtstage	14	139
1557	Nimm mit / ein paar Sonnenstrahlen	9	85
1558	Nirgends wie hier / im Herzenshauch	8	117
1559	Noch ein Tag und / noch ein Jahr	13	9
1560	Noch eine Zeile	12	55
1561	Noch geht in den Karpaten der	5	110
1562	Noch ist das Lied nicht aus, noch lebt im Leid	1	167
1563	Noch ist Raum / für ein Gedicht	7	213
1564	Noch nicht ganz / vergessen	13	77
1565	Noch sind die Sterne unsern Blicken da	1	139
1566	Noch trägt die Stadt den / wolkigen Wollmantel	4	36
1567	Noch trag ich / die sterbliche Hülle	10	45
1568	Nun bin ich groß / und werde größer	9	101
1569	Nur aus der Trauer Mutterinnigkeit	1	52
1570	Nur der Schatten / blieb	12	80
1571	Nußbaumblätter / dies Frühlingsaroma	10	54
1572	O daß die Toten sich in uns erheben	2	109
1573	O laßt die Vögel zu euch kommen	1	55
1574	Obwohl / die Legende vom Leben	9	62

Nr.	Gedichtanfang	Bd.	Seite
1575	»Of a schtejn, of a schtejn« (jiddisch)	16	15
1576	Öffne die Stäbe / damit der goldne Himmelskörper	12	160
1577	Oft verirre ich mich	5	117
1578	Ohne mich / wäre alles anders	14	85
1579	Ohne Visum zur Welt gekommen	6	28
1580	Ohne Vorwand / tritt er ein	10	56
1581	Ohneschlaf / fließt zwischen Sternen	14	15
1582	Ohren hören / die Welt sprechen	10	85
1583	Oktopusarme / umklammern / deinen Tag	12	58
1584	OREO / goldener Odem	4	92
1585	Orte aus Rauch / ohne Atem und Glanz	13	239
1586	Orte wandelbar / in der Zeit	13	16
1587	Ostern / im grünen Erinnern –	4	102
1588	Pakt mit dem klugen Spötter	14	181
1589	Pakt mit Mephisto / er gibt dich Hexen preis	8	135
1590	Papier ist Papier / aber es ist auch	9	77
1591	Papierbogen / Schneefläche gespannt	8	63
1592	Perlen schenken	13	28
1593	Pfad und Pflanze aus Kristall	2	36
1594	Pflaumen reifen	4	136
1595	Phönix / mein Volk / das verbrannte	6	100
1596	Plötzlich läutet die Weckuhr	5	19
1597	Poet und Farmer. Mit den Bäumen	4	8
1598	Preisen / die Erde	10	102
1599	Prinzessin aus Stahl und Stein und Glas	4	69
1600	Pyramiden gepflanzt ins	4	88
1601	Raben / schwarze Gedanken	14	26
1602	Rad / aus Wolkenerz	13	232
1603	Rauschen Libertywellen	4	43
1604	Regen fällt / fällt uns in den Schoß	14	131
1605	Regen hat uns getauft / kein andrer	11	94
1606	Regenbogen aus Blut / im Glas	6	149
1607	Regenheisere Stimmen / aus Rost	11	59
1608	Regenwörter / überfluten mich	11	123
1609	Reise ins Namengebirge	14	67
1610	Reise / zu den Zwergen	13	63
1611	Reisen / ins Ringelspiel	4	150
1612	Reisen und die Welt / in Händen halten	10	75
1613	Richte dich auf / am Stamm eines Lieds	9	124
1614	Riesen verbrüdert / seßhaft	11	115

Nr.	Gedichtanfang	Bd.	Seite
1615	Rom führt / zu allen Wegen	12	40
1616	Romeo und Julie / im Central Park	5	37
1617	Rose und Dolch // Der Ring	4	112
1618	Rosen aufgeblüht / verwelkt	7	193
1619	Rosen / verschworen	14	125
1620	Rosenhast und Dornenpfad	2	97
1621	Rot grüßt die Azalee / den rebellischen Tag	7	54
1622	Rot ist der Sand	13	234
1623	Rote Tinte / hat meine Haut	14	28
1624	Rotgrüne Fahrt durch	10	133
1625	Ruf ich den Menschen / kommt der Rabe	11	91
1626	Ruft eine Baumseele grünes Ermahnen	2	45
1627	Ruhestunden umspülen / die Steininsel Manhattan	4	65
1628	Sadagora / Hof des Wunderrabbi	13	202
1629	Sag Amen / als wär nicht Täuschung	5	154
1630	Sag kein Sterbenswörtchen / ich lese deine Gedanken	8	126
1631	Sag mir Freund / bist du mein Freund	10	61
1632	Sag nicht / du bist fertig	10	154
1633	Sag nicht / es sei die Schuld	10	127
1634	Sagt Sonne / schlaf dich wach	8	54
1635	Säule Schneemann / auf einer weißen / Wolkenbank	13	178
1636	Säulenheilige / Jahrhunderte angewurzelt	7	145
1637	Samenflaum / werf ich dir	11	41
1638	Sand und Salz / in den Schuhen	6	95
1639	Schatten greifen / in die Saiten der Sonne	9	32
1640	Schatten oder Gespenster	13	79
1641	Schatten stehlen sich / am Fenster vorbei	5	163
1642	Schattenblau / bis an den / honigfarbnen Horizont	7	194
1643	Schaumschiffe / Schneemöwen	8	59
1644	Schaut mich an / mit vielen Augen	5	152
1645	Schiefe Giebel / hängen am / Horizont	5	119
1646	Schilf und Zikadensilber	5	49
1647	Schimmellicht / über hilfloser Ebene	7	140
1648	Schlafen Sie gut / sagt mir die Schwester	12	163
1649	Schlangenbeschwörung / unter dem Baum	14	63
1650	Schließ auf das Ostertor / mit der Schlüsselblume	7	159

Nr.	Gedichtanfang	Bd.	Seite
1651	Schmelz der Regenbogenhaut / das Augenwasser	6	49
1652	Schnee / aus Januar geschnitten	5	159
1653	Schnee dezembert / im Hafen Manhattan	4	169
1654	Schnee fällt / die Welt wird weiß	8	138
1655	Schnee im Haar / komm ich zu dir	8	150
1656	Schnee / Mit Augen die zwinkern	8	139
1657	Schneid / in den Stein	9	121
1658	Schnell wie Wasser / rinnt die Zeit	11	19
1659	Schnell / wird dein Leben	13	10
1660	Schon trägt die Welt ein gelbes Kleid	1	40
1661	Schön / auch nackte Nächte	13	76
1662	Schön der Mensch / wer leugnets	9	9
1663	Schön nicht / zu wissen warum	10	121
1664	Schön / wenn der verwundete Mensch	10	95
1665	Schönes / beschädigtes Gemälde	7	70
1666	Schreib / deine eigene Welt	7	19
1667	Schuhe, Mäntel, Hüte	1	20
1668	Schwalben / verläßliche Heimatvögel	9	29
1669	Schwalbennest / unter dem Schindeldach	5	107
1670	Schwarz / schwärzer als schwarz	6	71
1671	Schwarze Taube / Mitternacht	6	29
1672	Schwarzer Pinsel / zieht einen Strich	8	31
1673	Schwarzer Sang / schläft in deiner Leier	9	75
1674	Schwarz-weiß gestreift / wie ein Zebra	9	82
1675	Schweben / mit dem Vogel	7	96
1676	Schwebend / auf Weltenbahnen	13	197
1677	Schweifendes Licht / Schatten stehn uns	9	156
1678	Schwer der Übergang	4	132
1679	Schwerer / der Weg zum Ziel	13	27
1680	Schwimm / gegen den Strom	13	120
1681	Schwingen / halb Schwerkraft / halb Schwung	6	154
1682	36 Gerechte / halten im Gleichgewicht	5	168
1683	Sei mir gewogen / Fremdling	8	145
1684	Sein Nacken / braune Landschaft	12	28
1685	Sein Schritt war leicht beschwingt und sein Gesicht	1	174
1686	Sein / Sonnenname / Sein / Wunderwort	13	196
1687	Seit drei Ewigkeiten	14	214
1688	Seit mich dein grüner Kinderschritt erkannt	1	30
1689	Sekunden tropfen / ins nächtliche Nichts	7	197

Nr.	Gedichtanfang	Bd.	Seite
1690	Seliger Traum, der die Nacht zu einem Lichtmeer gemacht	1	27
1691	Sensensang der Zikaden	4	212
1692	Siamesische Riesen / in gemeinsamen Stein	14	126
1693	Sich selber betrügen / sich einreden	10	72
1694	Sichelmond / Die Ziehharmonika schneidet	4	174
1695	Sicher daß ihr gelingt / den Lichtleib im	4	184
1696	Sichtbar im Fenster / die Zeit	7	203
1697	Sie fallen leicht wie Luft / durch die Wimpern	8	28
1698	Sie gab ihm eine Aprikose	2	44
1699	Sie hüllte sich in hundert Schleier	2	102
1700	Sie ist die Dreizeit in Bewegung	4	63
1701	Sie ist ein feines, kluges Kind	1	43
1702	Sie ist Wipfel, Stamm und Laub	2	113
1703	Sie kam zu dienen und erhalten	2	40
1704	Sie kamen mit giftblauem Feuer	1	143
1705	Sie kamen / mit scharfen Fahnen und Pistolen	5	112
1706	Sie kann ihr Dasein nur im Tanz vollenden	1	88
1707	Sie löschen das Feuer / das in dir brennt	8	68
1708	Sie machen Krieg und / fragen uns nicht	8	144
1709	Sie sagen es sei das Wetter	5	56
1710	Sie saßen auf dem Hügelgipfel mit	1	131
1711	Sie traten in den hellen Saal des Glücks	1	127
1712	Sie war eine Frau	14	97
1713	Sie war so schön, daß jeglicher Verstand	1	157
1714	Sie waren lange durch den Park gegangen	1	132
1715	Sieben Höllen / durchwandern	6	81
1716	Sieben Profile / den Jahrhunderten	12	25
1717	Sieben Tulpen öffneten den Sommer	4	17
1718	Sieh die leise Mutter unter Sternen	4	72
1719	Sieh / die spiegelglatte Ebene	12	133
1720	Sieh die Tiere in dem Pelz der Nacht	2	12
1721	Sieh, eine Abendhand / öffnet die Tür	2	61
1722	Silberne Pruthsprache	12	10
1723	Sinds meine eigenen Bronnen	2	47
1724	Singen / den Freudensang	13	72
1725	Singen Sirenen / grüner Schatten Irland	5	88
1726	Singt die Fontäne / ich bin das Leben	9	52
1727	So lebst du / mit Radio Fernsehn und Krieg	8	65
1728	So oder so / ein Menschenalter	4	91
1729	So schön / warst du noch nie	11	58

Nr.	Gedichtanfang	Bd.	Seite
1730	So sind wir: du und ich: im Nu bereit	1	154
1731	So / soll es sein	13	24
1732	So stiegen Flut und Angst / es ging ja ums Leben	7	168
1733	So viele Welten schlafen	2	66
1734	So viele / Worte Fragen Erwartungen	14	101
1735	Soll ich dir glauben, kecker Überwinder?	16	11
1736	Sonne auch sie / ein Rätsel	13	43
1737	Sonnenblume / Abgesandte der Sonne	4	154
1738	Sonntagsschlummer im Gras / du ahnungslos	6	62
1739	Soviele unbewohnte Häuser	11	44
1740	Spatzen stürzen sich in Lachen aus Licht	5	40
1741	Spielen Violinaugen / ein Spiritual	4	155
1742	Sprich / lieber Freund	9	13
1743	Spürst du / die Eindringlichkeit	12	23
1744	Stammelst du wieder / Verzückung	9	157
1745	Staub atmet / auf lebendem Holz	5	46
1746	Staunend aus dem Schlaf gestiegen	5	52
1747	Steine / zählen deine Schritte	13	59
1748	Steingeborene / mit verstümmelter Stimme	14	93
1749	Sterne / Glühwürmer / leuchten	13	117
1750	Sterne / im Andrang des Dunkels	4	172
1751	Sterne läuten durch die Nacht	2	71
1752	Sternensturz / aus der / Schwärze des Himmels	13	221
1753	Still / leben Früchte / im Teller	7	61
1754	Still wie der Kalender / die Niederschrift	6	10
1755	Stille der Nacht / Kinder lächeln im Schlaf	4	37
1756	Stille der Nacht / wacht wie die Mutter	4	38
1757	Sträubt sich / dein Wort	13	95
1758	Stroh in der Vase	11	83
1759	Stunden aus unsterblicher Langeweile	5	26
1760	Sturm aus nördlicher Richtung / die Stadt erleidet seinen	7	133
1761	Suche finde das Wort / das nicht verlorengeht	7	13
1762	Tag und Nacht / brüllt ein Kranker	9	131
1763	Tag und Ton verhallt, und ein Schattenwald	1	58
1764	Tage kommen und gehen	9	31
1765	Täglich / verwandelt	4	194
1766	Tannenberge. Grüne Geister	4	5
1767	Tanz und Lied und Jubellaunen	16	10
1768	Tauben / Venedig im Battery Park	5	33

Nr.	Gedichtanfang	Bd.	Seite
1769	Tausenflügler Traum / Verbotene Zonen	5	66
1770	Tausendfüßler / Traum	13	102
1771	The Bad Boy / erinnert auch an	5	39
1772	Thora und Talis	10	137
1773	Tiefe Trauer / helle Freude	13	91
1774	Tiere im Gebüsch verbrüdern	2	60
1775	Tiere / zahm auch die wilden	8	98
1776	Tischleindeckdich / für jedes Du?	8	42
1777	Toben / im / kühlen Revnawald	13	208
1778	Todfeindin Sonne / im Hochdruck	12	86
1779	Tote Freunde / klagen dich an	7	174
1780	Trage mich / in den / Sternenkranz	13	227
1781	Träge / taumelnd	13	215
1782	Trauer / der Taube	13	224
1783	Trauer / stark wie der Tod	11	21
1784	Trauert / um deine Augen	11	56
1785	Trauerweiden / Melancholiker	7	26
1786	Traum der meinen / Schlaf umgeht	13	122
1787	Treffer / auf / Treffer	13	201
1788	Treibst dein Spiel mit mir / Sprache	5	170
1789	Trink dich heil / vom unstillbaren Durst	6	99
1790	Trink nicht so hastig, sieh, der Brunnen steht	1	162
1791	Tritt aus dem Kreidekreis / Gib der Mutter	10	47
1792	Trommelfeuer weckte / die schlafende Zeit	10	35
1793	Türen offen / hinter den Abschied	6	42
1794	Turmuhr / Mitternachtsfaust	5	173
1795	Über Adern / Blumenbeet und Gestein	14	61
1796	Über das weiße Blatt	4	191
1797	Über deinem Atem / der Silberkranz der Sterne	8	123
1798	Über den Abend / gebeugt	11	69
1799	Über die Abendbucht	1	106
1800	Über dir / Sonne Mond und Sterne	10	46
1801	Über dürren Decken	4	147
1802	Über Israels Wüste	12	37
1803	Über Nacht umgebaut / Häuser	7	20
1804	Übermütige Leere der planierten Länder –	4	13
1805	Uferwange / an meinen Schritt gelehnt	4	117
1806	Uhren auf dem Galgenholz der Zeit	2	114
1807	Um den Atemmond / namenlose erleuchtete Sterne	7	50
1808	Um den Nabel der Erde / kreisend	14	94

Nr.	Gedichtanfang	Bd.	Seite
1809	Um einen hohen Preis / eine Schere erworben	6	148
1810	Um vier Uhr morgens / singen Vögel im Fenster	12	98
1811	Unablässig / im Gespräch mit der	6	31
1812	Und der Regen fällt	5	82
1813	Und jedes Lächeln wurde Leid	1	65
1814	Und wenn sich alle Schalen füllten	2	56
1815	Und Wiesen gibt es noch / und Bäume und	10	187
1816	Unermüdlich / gehen die greisen Mühlen	4	90
1817	Ungeliebte Blumen	4	86
1818	Ungesagt / alles	14	176
1819	Unser Schiff / ohne Fahne	5	143
1820	Unser tägliches Brot / Honig und Milch	12	87
1821	Unsere Schiffe torpediert / Gedichte	7	155
1822	Unsichtbare Brücken spannen	8	19
1823	Unter dem Rhein	12	39
1824	Unter dem Weihnachtsbaum / verendet	6	51
1825	Unter fallenden Kastanien / den Garten umarmen	8	90
1826	Unter gläserner Flut / das Netz	7	169
1827	Unter Kastanien im Park / sitz ich im Regen	12	75
1828	Untergegangen / sind wir	10	130
1829	Ununterscheidbar / die Zeit und wir	10	11
1830	Unvermittelt / im Orient	11	64
1831	Unvorbereitet / vom Zufall geführt	12	29
1832	Utopia / mein Land	10	153
1833	Vater unser / nimm zurück deinen Namen	11	86
1834	Veilchenadern pochen	4	11
1835	Venedig / meine Stadt	11	148
1836	Venedig sehen / und leben	10	88
1837	Verdorrte Blätter zeigen	1	151
1838	Verehrter Gott / Gib mir ein Zeichen	12	177
1839	Vergesset nicht / Freunde	8	69
1840	Vergib mir / Meer / ich kann nicht	7	126
1841	Vergiß / daß dein Zimmer	10	161
1842	Vergiß / daß du einmal / schön warst	7	172
1843	Vergiß / daß wir uns liebten	12	155
1844	Vergiß / dein Nein	9	133
1845	Vergiß / deine Grenzen	10	125
1846	Vergiß den Donner / wenn du abfeuerst	6	138
1847	Vergiß die / poetische Wahrheit	11	16

Nr.	Gedichtanfang	Bd.	Seite
1848	Vergiß die summende Melodie / im Samowar	11	54
1849	Vergiß / meine ängstlichen Gesten	13	145
1850	Vergiß mich nicht / ich bin	12	132
1851	Vergiß nicht den Hintergrund	5	124
1852	Vergiß nicht / die Uhr aufzuziehn	12	19
1853	Vergiß nicht: / wir sind Brüder	11	88
1854	Verknüpf die Fäden / zu einem Spinnwebnetz	7	34
1855	Verlassene Strecken behüteter Worte	2	78
1856	Verlaß dich / auf die Unordnung	14	142
1857	Verleugne nicht / den Hahnenschrei	11	104
1858	Verloren / wiedergefunden	5	181
1859	Vernunftswidrig ohne Gefühl für	4	23
1860	Verschlafne Räume / im Raum des langsamen Nachmittags	2	26
1861	Verschont / wird keiner	14	82
1862	Verschweig uns / nicht	7	92
1863	Verschwistert mit Aschenbrödel / ich klaube Erbsen	7	53
1864	Verschwommene Tage	13	114
1865	Versöhnlich / mein Gettoherz	5	125
1866	Verstümmelt die Bäume	14	32
1867	Vertrau dem Abend / dein Licht an	13	74
1868	Vertraut / mit dem / Rosenschlaf	13	242
1869	Verwachsen / mit Junggras	11	105
1870	Verwaiste Herzen / im Schrank der Jahre	4	52
1871	Verwandelt / vertauscht	14	79
1872	Verwandelte Stimmen / toter Wälder	14	173
1873	Verzehrt sind / die Reste	5	149
1874	Vieläugig / Sonne / goldner Pfau	5	172
1875	Viele Gedichte gefunden / aber	14	177
1876	Vielfältiger Geist / dein Haar aus	10	48
1877	Vielleicht / im April	11	93
1878	Vieltausend Jahre Geduld	8	38
1879	Vier Schneewände / Fahrt nach Sibirien	9	130
1880	Viermal / klopft es an deine Tür	7	157
1881	Vögel möchte ich / auffliegen lassen	13	15
1882	Vom A zum B / ist ein endloser Weg	12	66
1883	Vom Ende zum Anfang / der Tarngeist geht	8	143
1884	Vom fernen Äther springt ein Stern herab	1	61
1885	Vom Gipfel / sehe ich	12	154
1886	Vom Karmel / siehst du	8	102

Nr.	Gedichtanfang	Bd.	Seite
1887	Vom Schweigen besessen sein	14	170
1888	Vom Spiegel fordere ich / Aug um Aug	7	160
1889	Vom Sturm getragen / sterntätowiert	10	118
1890	Vom Tod umworben / ich sehne mich	9	36
1891	Von Augen gefolgt / deine Fremde	9	81
1892	Von Augen verfolgt / dein Fremde	7	180
1893	Von deinem Hause wehte froh die Fahne	2	89
1894	Von den Dünen her ruft es	5	42
1895	Von den Fingern / tropfen / Worte auf den	6	32
1896	Von einer Pause / zur andern	14	89
1897	Von einer Sekunde / zur andern	6	153
1898	Von Himmel zu Himmel / ich fliege	13	217
1899	Von Mund zu Mund / das tägliche Brot	11	138
1900	Von Norden nach Süden	11	130
1901	Von Ort zu Ort	12	46
1902	Vor dem Schlaf erwacht / ich stehle	5	129
1903	Vor den Garben / kniet ich	13	184
1904	Vor meiner Haustür / in der Sonne	7	59
1905	Vor seiner Geburt / war Jesus	11	131
1906	Vor vielen Geburtstagen	5	101
1907	Waffen / in Hexenesse geschmiedet	14	72
1908	Während ich Atem hole	5	41
1909	Während ich schreibe / ist die Nacht	7	150
1910	Während Januar die Gassen pudert	5	28
1911	Wahrgeworden / Die Weissagung der Zigeunerin	7	85
1912	Wahrheit gewürzt / mit einem Körnchen	9	113
1913	Wahrheit / sag mir die Wahrheit	7	21
1914	Wälder umgrünen / Berge besteigen	7	12
1915	Wanderscharen die Wüste zaubert	9	8
1916	Wann / ist die Zeit um / wann	6	114
1917	Wann ziehn wir ein / ins besamte Wort	5	169
1918	War ich ein Falter	10	79
1919	War nicht das Meer das wellengestufte unsere Mutter	4	73
1920	Wär es möglich / zu ruhn in sich selbst	9	48
1921	Wär es zu spät oder ist es zu früh?	10	175
1922	Wär ich ein Maler / sie darzustellen	9	146
1923	Waren wir Feinde / als der Friede schlief	4	206
1924	Warum bis jetzt gelebt / ich weiß nicht warum	8	21
1925	Warum hat dieser Kies solch süßen Ton	1	160

Nr.	Gedichtanfang	Bd.	Seite
1926	Warum ist jede Nacht ein Wirbelwind	2	59
1927	Warum schweigst du	4	29
1928	Was anfangen mit den vielen	14	140
1929	Was dem Tag an Licht genommen	1	37
1930	Was der Traum deutet / ist wahr	10	92
1931	Was der Wind verwirft	13	38
1932	Was du noch nicht warst	10	164
1933	Was du sagst und / was du verschweigst	9	90
1934	Was einen Namen hat	13	70
1935	Was erwartest du / von der Zukunft	9	112
1936	Was hindert dich / immer du zu sein	14	145
1937	Was hinter diesen Fassaden	1	19
1938	Was immer es sei / gut oder verwerflich	14	84
1939	Was ist der Berg	4	35
1940	Was ist / meine Aufgabe	13	180
1941	Was ist wie du so machtvoll auf der Erde	1	36
1942	Was nie mein war / kommt wieder	6	90
1943	Was noch an Südlichem blieb	4	126
1944	Was Schreiben heißt / sag nicht	7	149
1945	Was / soll ich euch schenken	10	148
1946	Was taugen sie mir / meine Jahre	14	118
1947	Was tun wenn die Nacht	9	158
1948	Was vorüber ist / ist nicht vorüber	10	38
1949	Wasser / mein Kleid	14	147
1950	Wasserlanze / ihre Spitze	14	35
1951	(Wege) wollen gegangen werden	13	61
1952	Weil wenn Kinder aufhören	4	199
1953	Weil / du ein Mensch bist / weil	5	183
1954	Weiß auf Blau / die Himmelsschrift	12	69
1955	Weiß ist die / Winterseele	10	113
1956	Weise / Sterndeuter	13	249
1957	Weißes Erinnern / Gipfel haben das Wort	12	33
1958	Welcher Stern / ist Mittelpunkt	10	156
1959	Welches Stück Welt / hat uns getrennt	9	162
1960	Welt einsammeln / überall	9	137
1961	Weltreise / mit Gulliver	7	49
1962	Wenn das Gras aus dem Schlaf steigt	4	85
1963	Wenn das weiße Morgenlächeln	1	78
1964	Wenn der Frühling / mit seinen Blumen	11	117
1965	Wenn der Krieg beendet ist	6	115
1966	Wenn der Tag / vernarbt ist	8	131

Nr.	Gedichtanfang	Bd.	Seite
1967	Wenn der Tisch nach Brot duftet / Erdbeeren der Wein	5	153
1968	Wenn die Sonne versagt, die Straße sich schließt	1	140
1969	Wenn / die Sterne finster werden	13	192
1970	Wenn die Zeit sich versteckt	13	11
1971	Wenn du in einer / Welt aus Lauten lebst	4	151
1972	Wenn du / nicht da bist	12	115
1973	Wenn du willst / wird der Flieder	10	120
1974	Wenn er sich sträubt, der junge unmündige Mund	2	41
1975	Wenn ich bedenke / wie viele Worte verlorengehn	10	123
1976	Wenn ich den blauweißen Schal	7	69
1977	Wenn / ich dir / wiederbegegne	13	230
1978	Wenn ich Gold sage / mein ich das Wort	7	147
1979	Wenn ich / ich sage	6	48
1980	Wenn ich mich freue / kommt die Lorelei	9	117
1981	Wenn ich / mir selber begegne	13	113
1982	Wenn ich vergehe / wird die Sonne weiter brennen	10	15
1983	Wenn ich verzweifelt bin / schreib ich Gedichte	7	154
1984	Wenn man lang / in die Wolken blickt	10	24
1985	Wenn man wüßte / wie die Wohnung einzurichten	14	141
1986	Wenn nichts mehr / leuchtet	9	154
1987	Wenn sich deine Worte vor mir neigen	1	115
1988	Wenn sich der Ginsterstrauch	2	76
1989	Wenn sich ein Bildnis in dem Tanz der Zeiten	1	152
1990	Wenn verstimmte Sterne sich verbinden	2	107
1991	Wenn / wieder / Jugend grüßt	13	219
1992	Wenn wir auferstehn / von allen Übeln	6	55
1993	Wenn wir doch wieder / zu uns selber zurückkämen	11	137
1994	Wer bin ich / wenn die Wolken weinen:	12	162
1995	Wer den Weg / durch den Steinbruch weiß	6	38
1996	Wer hämmert den Sternpendel	4	93
1997	Wer hat mir / den Regenbogen	6	19
1998	Wer hofft / ist jung	8	20
1999	Wer kann / so viel sagen	7	46
2000	Wer kennt nicht / die Beruhigung der Sterne	6	126

Nr.	Gedichtanfang	Bd.	Seite
2001	Wer kommt an die Reihe	7	78
2002	Wer mich kennt / weiß	7	16
2003	Wer nicht redet / mit Engelszunge	7	57
2004	Wer sagt daß ich singe / ich singe nicht ich sage	6	139
2005	Wer sagt / ein Mann	14	66
2006	Wer trauert mit mir / um den Verfall	8	148
2007	Wer von Schilda kommt / hat keinen Paß	4	207
2008	Wer weiß / wo ein Glück beginnt	13	62
2009	Wer wird sich meiner erinnern / wenn ich gehe	10	82
2010	Wer ZEIT sagt / weiß um den Untergang	4	114
2011	Whisky ist transparent	4	139
2012	Wichtelworte / dienen dir	7	207
2013	Wie bin ich / auf die stumme	14	175
2014	Wie dein holdes Blumenleben in der Vase wächst und steigt	1	35
2015	Wie dich erreichen / Bruder	11	74
2016	Wie / die unendliche Trauer	11	10
2017	Wie ein Wild verfolgte ich das Grün	4	41
2018	Wie im schnellen Wandelbild	2	74
2019	Wie kann man / heute noch dichten	9	93
2020	Wie komme ich / über mich hinweg	7	51
2021	Wie lang / kann man warten	7	42
2022	Wie lebst du / im Lärmlabyrinth	10	6
2023	Wie schnell / der Tag / sich verflüchtigt	13	106
2024	Wie schnell / man alles verlernt	10	116
2025	Wie sich die Welt am Frühlingslicht entzündet	1	121
2026	Wie sind wir diesen Tagen untertan	2	14
2027	Wie soll ich mich abfinden / mit dieser blinden Erinnerung	9	122
2028	Wie viele Gedanken / Worte Bewegungen	13	64
2029	Wie viele Schalen, Lieb, wie viele Schichten	1	104
2030	Wie viele / unheilverkündende Meteore	13	56
2031	Wieder ein Jahr als Ring	7	7
2032	Wieder ein Morgen / ohne Gespenster	7	102
2033	Wieder ein Tag / aus Glut und Wind	10	151
2034	Wieder hält mich der Wald / in Atem	7	99
2035	Wieder runden sich die Rosen / der neue Anfang	9	141
2036	Wieder spannt Eros das magische Kreuz	2	8
2037	Wiedergekehrt ins Land	14	44
2038	Wiederkehrvögel / Amsel und Fink	14	38

Nr.	Gedichtanfang	Bd.	Seite
2039	Wieviel mal siebzig / Lichtjahre	13	100
2040	Wieviel Millionen Umsatz	13	48
2041	Wieviele Truthähne / Herr / müssen ihr Leben lassen	4	109
2042	Willkommen / Wanderer	5	182
2043	Wimpernschlag / Hauch / im Mai	13	246
2044	Wind mischt Farben	13	41
2045	Wind und Staub / verbrüdert	7	130
2046	Wind wetzt seinen / Atem am Kiel	9	108
2047	Wir / alten Kinder / mit eckigen Bewegungen	6	7
2048	Wir atmen die / letzten Vögel ein	4	105
2049	Wir auf Barrikaden / immer	6	104
2050	Wir / auferstanden / aus dem Nichts	7	97
2051	Wir beten zum Berg / um Glauben	4	166
2052	Wir blühen uns zu	13	128
2053	Wir brauchen keine Berge	1	12
2054	Wir die Letzten oder / die Ersten zum Himmel	6	64
2055	Wir / die Verbannten mit der	11	76
2056	Wir erkennen dich / an der Schrift gehaucht auf	11	50
2057	Wir erkennen uns nicht	6	67
2058	Wir feiern das Fest der Abwesenden	5	142
2059	Wir fliegen mit der Sonne auf den Berg	1	72
2060	Wir gestorbenen Sterne wir Meteore	4	103
2061	Wir haben aufgehört / Zeichen zu deuten Zeichen	12	67
2062	Wir haben die Fenster / mit Schnee gewaschen	9	99
2063	Wir haben / gegessen getrunken	8	124
2064	Wir haben nie / aufgehört	14	171
2065	Wir haben Rosen / gepflanzt	13	88
2066	Wir / haben uns nichts vorzuwerfen	13	136
2067	Wir haben uns noch / viel zu sagen	9	44
2068	Wir halten die Welt / an der Hand	14	121
2069	Wir hungerten fluchten / liebten die Liebenden	7	83
2070	Wir / in der Tonne	14	7
2071	Wir jagen den Hirsch	4	31
2072	Wir junges Leben / du alter Tod	8	149
2073	Wir kamen heim / ohne Rosen	6	96
2074	Wir leben / von Atem zu Atem	9	83
2075	Wir rauchen die / Friedenspfeife	8	91
2076	Wir reichen uns der Liebe rote Beeren	1	101
2077	Wir rufen die Heiligen an	4	27

Nr.	Gedichtanfang	Bd.	Seite
2078	Wir sehen / Nizza	10	86
2079	Wir sind / ein Stück weitergegangen	9	136
2080	Wir sind / eine große Gemeinde	9	15
2081	Wir spielen Ostern mit den Kind gewordenen	4	18
2082	Wir staunen vor den süßen Früchten	2	82
2083	Wir / träumen Schlaraffenland	13	132
2084	Wir treffen uns / hinter der Heimat	5	151
2085	Wir treffen uns / im Brennpunkt	11	39
2086	Wir Ungleichen / auf der gleichen Kugel	14	74
2087	Wir verwalten / die Erde	8	22
2088	Wir warten / am Erdrand	13	170
2089	Wir warten / auf Wunder	10	9
2090	Wir werden uns / wieder finden	7	112
2091	Wir werden uns wiederfinden / im See	10	50
2092	Wir wissen nichts mehr als: Dem Tod geweiht	1	168
2093	Wir wohnen / Wort an Wort	7	107
2094	Wir wollen uns dem Abend neigen	1	54
2095	Wir / Wortgewandte	6	68
2096	Wir ziehen mit den dunklen Flüssen	1	150
2097	Wir zogen einen Zauberkreis	1	128
2098	Wir / zwischen Himmel und Erde	10	78
2099	Wird kommen die Zeit / ist da	7	200
2100	Wirf deine Angst / in die Luft	8	82
2101	Wirf / eine Münze	13	92
2102	Wo bin ich / wo bist du	12	99
2103	Wo bist du / Vater Adam	11	12
2104	Wo die Luft flimmerndes Silber	12	18
2105	Wo die reinsten Worte reifen	2	18
2106	Wo die Stadt aufhört / ist das Licht	6	47
2107	Wo die Wachtel ruft / blüht der Seidelbast	11	15
2108	Wo / Gevatter Tod	14	130
2109	Wo / in der österreichlosen Zeit / wächst mein Wort	6	102
2110	Wo ist die Möwe / die das Schiff begleitete	7	110
2111	Wo ist mein Paradies	13	67
2112	Wo Millionen Menschen / Zwietracht pflegen	9	53
2113	Wo / schläft mein Ritter	11	144
2114	Wo sich dein Wesen entfaltet	2	23
2115	Wo sind / die Auferstandenen	10	77
2116	Wo verbirgst / du dich Bruder	11	60
2117	Wo waltet sie, die königliche Hand	2	68

Nr.	Gedichtanfang	Bd.	Seite
2118	Wo war der / der dem Schöpfer zusah	14	9
2119	Wo / waren die Freundesländer	7	84
2120	Wo / wenn der Regen abspringt	11	108
2121	Wohin / sind die / herrenlosen Vögel	13	109
2122	Wolke / weiße Vermittlerin	4	130
2123	Wolken / die einander jagen	13	68
2124	Worte die dich wiedergeboren haben	14	184
2125	Worte eines Gedichtes / das mich schreibt	14	161
2126	Worte / Mütter und Väter	14	172
2127	Worte / schreiben sich	14	156
2128	Wörter vom Computer verschlungen	12	90
2129	Wortwind / im Menschenmeer	8	23
2130	Wüßt ich / wieviele Namen	11	121
2131	Zähl nicht / die Stunden	10	158
2132	Zähl nicht / SEINE Schritte	5	131
2133	Zauberzeichen / aus dem / erhabenen Sternenreich	13	225
2134	Zeichen / aus dem Ginsterland	13	206
2135	Zeit / die Verwandlerin	8	146
2136	Zigeunerin / Zeit / im Dreifaltgewand	7	201
2137	Zigeunerzeit / diese ruhelose	14	122
2138	Zufällig / diese Anordnung	13	49
2139	Züge fahren / durch meine Zelle	10	119
2140	Zum Berg gehn / den Fels herausreißen	11	36
2141	Zum Fluß ging ich	4	59
2142	Zur Rückkehr / gut ausgerüstet	8	130
2143	Zurück / ins zukünftige / Meinland Deinland	6	122
2144	Zwei Pfauen schlugen / ihr schillerndes Rad	9	128
2145	Zwei Wolken / umarmen sich	8	26
2146	Zwei zahllose / Lippen und Ohren	11	146
2147	Zwielicht / eines Gewitters	13	216
2148	Zwischen mir / und diesem Zigarettenstummel	4	54
2149	Zwischen / rot und grün	13	213
2150	Zwischen Schneeglocken / und Schneeschmelze	4	20
2151	Zwischen Stäben aus Chrom	4	161

Alphabetisches Verzeichnis der englischen Gedichte nach Gedichtanfängen

Nr.	Gedichtanfang	Bd.	Seite
1	The abyss of our cobalt age	3	11
2	Adorned with metalrainbows and rhinestonestars	3	68
3	After enormous losses of beliefs	3	61
4	After his burial his birth begins	3	8
5	After his burial his birth begins. / His spirit rising against dust / endures the night the light the painful stars	3	81
6	Afternoon gossamer and poison ivy	3	84
7	All tomorrow's	3	54
8	And after all experiences	3	94
9	And she leaves the place of triple torture	3	62
10	The animal procedure of her phases	3	70
11	As if each rock and stone	3	167
12	Aspirin days	3	13
13	Autumn cannot bereave us. The crystal-hue	3	15
14	»Be ahead of your farewells, heir	3	16
15	Before the sister knew she had a brother	3	142
16	Before this hour ist wasted, before	3	19
17	The bleak room and the red roses	3	159
18	Builders are born, unsuppressed	3	119
19	By lighters	3	44
20	The city	3	31
21	Clearcut images of January	3	96
22	Condensed layers of clouds	3	129
23	Death in our hand	3	205
24	The definition in the dictionary: »An opening in a wall to	3	48
25	Did you forget how smooth and thin	3	50
26	Dipped in dark music, averted	3	213
27	Dipped in time, volatile fingers crawl	3	51
28	Discriminating intellect	3	71
29	Distance challenges. No stair?	3	52
30	The door	3	53
31	Dream, absurd	3	40
32	Dry Leaf	3	166
33	During his visit to the Moon he was	3	194

Nr.	Gedichtanfang	Bd.	Seite
34	Each particle of my emotion strives	3	112
35	Easter Renaissance in	3	216
36	Ebony-hours drive my lonely sleep	3	57
37	Empty look of	3	26
38	Entering a	3	125
39	The eveningstar opens the gate	3	116
40	Fainling hours fall into the grass	3	23
41	The final spark died suddenly	3	60
42	Forget the distance parting our spheres	3	91
43	Four walls, a ceiling and a floor	3	119
44	Fourth dimension. The tamed avenues	3	46
45	From sigh to syllable	3	80
46	Girls in Battery Park. The lunch routine	3	69
47	The golden clay composed of dust	3	73
48	The golden girl smiles unaware	3	55
49	Grotesque mirage seen from the windowpane	3	37
50	The guardian was not harsh who brought him in	3	155
51	The harp	3	193
52	He was a sturdy lad, a little rough	3	28
53	Her only object was: to grow into	3	164
54	Here is my place	3	78
55	The higher law	3	35
56	His shriveled hand	3	147
57	How many centuries compose the word	3	17
58	How many shades of gray?	3	74
59	I am groping for a hope in the misty harbor	3	63
60	I am the truth	3	49
61	I cannot treasure tragedy tonight	3	87
62	I go in and out of my death	3	90
63	I have never been in Jerusalem	3	97
64	I returned to the locked house	3	86
65	I saw a train a chain	3	156
66	I took a walk to the Belgian Congo	3	180
67	The icebird sheds its feathers	3	175
68	If you knew	3	89
69	In a world behind good chances	3	85
70	In ageless rocks the statues live	3	104
71	In my banking factory I sit	3	145
72	»In the beginning was the word.«	3	212
73	Increased tension of steel	3	92

Nr.	Gedichtanfang	Bd.	Seite
74	Indigo-air and quick verdure	3	93
75	»Infinite lines entangled in a scheme	3	7
76	It falls and flows	3	157
77	It's over now, you know	3	219
78	The ivory-palor of his rigid face	3	47
79	La Giaconda! What keen vision might	3	108
80	La Giaconda, what tall vision may	3	109
81	The landscapes of my dreams have	3	99
82	Last hour	3	33
83	The leprosy of heat	3	25
84	Level of bridges	3	101
85	Light and sound	3	163
86	Light wrapped in rays	3	152
87	Looking for a final start	3	200
88	Lovely order of growth!	3	135
89	Lying in grass and ready for extremes	3	185
90	Manhattan	3	103
91	Mauve shadows of poplar trees	3	39
92	The medium of summer-breeze	3	208
93	A miracle, a Kingdom for a	3	105
94	Moment fraction of moment sacrosanct!	3	165
95	Morning breaks the unity of things	3	111
96	Mountains are lonely thinkers	3	113
97	My mind walks miles and miles of mist	3	118
98	Neurosis of evening	3	120
99	A new time	3	123
100	The New Year	3	127
101	Night after night	3	72
102	Night and flattering lamps and alcohol	3	56
103	Nobody was prepared when it came	3	9
104	Noon simmers in senses	3	18
105	Not because we're flesh or mind	3	132
106	Not snow	3	207
107	Not the habitual bread	3	158
108	Nothing to embellish	3	134
109	NOVEMBER NEWNESS IN TRADITIONAL MANNER	3	139
110	Now that the rains have come	3	38
111	O beautiful being in my blood!	3	42
112	O city colleague you and I	3	67
113	O dust and skeleton and sun . . .	3	144

Nr.	Gedichtanfang	Bd.	Seite
114	O navy abyss over which	3	88
115	Ocean and star in spirit breaking with continents	3	217
116	Oh, our hands are dry and grey with dust	3	65
117	Once a month	3	210
118	Once we were children, with large, round eyes	3	29
119	One voice sings »EAT«. Another threatens »NO!«	3	59
120	Order of growth	3	21
121	Our never-tiring shadow in the street	3	151
122	Over the gold-molded silhouettes	3	66
123	Pidgin boy and girl meet	3	14
124	Power	3	171
125	Returning from a day of noise	3	83
126	Road was eclipsed by a tear	3	161
127	Sea	3	114
128	See the sun	3	168
129	Seven profiles	3	162
130	The silvergulls' harmonious wings	3	170
131	The skin of this November noon	3	141
132	Sometimes	3	76
133	Sometimes I am not yet born	3	201
134	Soon, soon	3	172
135	Soul of glass in whose limbo	3	106
136	The SPARROW in me	3	183
137	The Spider spins his net	3	174
138	The spiraled stoneflower	3	75
139	Star-ringed horizon	3	189
140	Strange	3	95
141	A sturdy tree	3	64
142	Sun catches objects in gossamer-nets	3	178
143	Table-Book-Little withered bells	3	110
144	Take the saphire of October	3	143
145	Tendrils of brass	3	187
146	There are people / whose birth / occurs each hour	3	182
147	There is a bitter touch in this commotion	3	12
148	There is lilac in the air!	3	102
149	They made me live	3	138
150	They speak a sober language, men who know	3	43
151	This is their hour	3	146

Nr.	Gedichtanfang	Bd.	Seite
152	This mushroom square	3	169
153	Though city-dwellers do no more remember	3	131
154	Three larks of ore	3	20
155	Time, our unfailing companion, smooth and alert	3	186
156	Trays and instruments glitter on metal tables	3	36
157	Trees expand their green expansion	3	45
158	The twisted wind spins	3	133
159	Two dead suns	3	22
160	Two green faces	3	188
161	The ultimate conclusion of his great	3	160
162	Under the honey sun	3	190
163	Virile vigor in winds and spicy sparks	3	149
164	Waiting for life in nucleus of a tulip	3	196
165	We are caught in the collision	3	197
166	We read and shudder as we turn the pages	3	154
167	The westbound face of the afternoon	3	24
168	Wheels canyons neon-cataracts	3	150
169	When he said hello to her he meant nothing but	3	176
170	When in the tumult of Metropolis	3	179
171	When men fled from the flood	3	82
172	When stone turns purple in the evening anguish	3	202
173	When sun exhales its ultimate red ray	3	203
174	When the huge garden was locked	3	204
175	Where are you? Where am I?	3	30
176	While I am alive, and May is here	3	206
177	While madness has become a way of life	3	121
178	The white cross in the business street	3	136
179	Who knows? Who knows? The Gods killed one another	3	209
180	Who shall live	3	214
181	Why am I in this liquid hall	3	177
182	With music of machines, trains, planes	3	128
183	With such novembering in air and masses	3	140
184	With Yes wie wake, with No we go to bed	3	211
185	You and the year	3	126
186	You are unreal	3	100
187	You get up, take a shower, get dressed	3	218
188	You rise to the glory of noon	3	98
189	You walk	3	58
190	Your dainty ears have such peculiar curves	3	192

Alphabetisches Verzeichnis der Übersetzungen nach Gedichtanfängen

Nr.	Titel	Bd.	Seite

Übersetzungen aus dem Jiddischen ins Deutsche

Nr.	Titel	Bd.	Seite
1	Herr Kartoffel, der, wie ihr wißt	16	19
2	Ich bin der Weg ins Leere	16	26
3	Laßt mich euch heute singen	16	22
4	Stehen Mütter, in Lumpen gehüllt	16	25

Übersetzungen aus dem Englischen ins Deutsche

Nr.	Titel	Bd.	Seite
5	Orpheus, der die Laute strich	16	32
6	Tritt leise, sie ist nah	16	31
7	Verweile, Schönheit, denn das Feuer schwindet	16	29
8	Wenn ich spiele die Fiedel in Dooney	16	30

Übersetzungen aus dem Deutschen und Jiddischen ins Englische

Nr.	Titel	Bd.	Seite
9	I seek a city everywhere	16	36
10	Matured in the sea is the mouth	16	37
11	Mothers standing in gloomy doors	16	39
12	Was she the great angel	16	35

Übersetzungen aus dem Polnischen ins Englische

Nr.	Titel	Bd.	Seite
13	The bridge to heaven seems too long to span	16	45
14	Satan would instantly	16	44
15	Sin is inflammable, and he	16	43

Inhalt

Nachgetragene Gedichte und Übersetzungen 5

Gedichte aus New Yorker Zeitungen 1930 7

Ein jiddisches Gedicht 13

Übersetzungen aus dem Jiddischen ins Deutsche . . . 17
Elieser Steinbarg 19
Itzig Manger 21

Übersetzungen aus dem Englischen ins Deutsche . . . 27
John Masefield 29
William Butler Yeats 30
Oscar Wilde 31
William Shakespeare 32

Übersetzungen aus dem Deutschen ins Englische . . . 33
Else Lasker-Schüler 35
Paul Celan 37
Itzig Manger 39

Übersetzungen aus dem Polnischen ins Englische . . . 41
Adam Mickiewicz 43

Editorische Notiz 47

Zeittafel Rose Ausländer 49

Verzeichnis der Gedichte und Übersetzungen
    alphabetisch nach Gedichttiteln 55
    alphabetisch nach Gedichtanfängen 57

Quellenverzeichnis 59

Rose Ausländer

Gesamtwerk in Einzelbänden

Herausgegeben von Helmut Braun

Brief aus Rosen
Gedichte. Band 11163

Denn wo ist Heimat?
Gedichte. Band 11152

Gelassen atmet der Tag
Gedichte. Band 11157

Hinter allen Worten
Gedichte. Band 11160

Die Musik ist zerbrochen
Gedichte. Band 11154

Die Nacht hat zahllose Augen
Prosa. Band 11165

Sanduhrschritt
Gedichte. Band 11158

Schattenwald
Gedichte. Gesamtregister
Band 11166

Fischer Taschenbuch Verlag

fi 167 / 20 a

Rose Ausländer
Gesamtwerk in Einzelbänden
Herausgegeben von Helmut Braun

Schweigen auf deine Lippen
Gedichte aus dem Nachlaß
Band 11164

Die Sonne fällt
Gedichte. Band 11161

The Forbidden Tree
Englische Gedichte
Band 11153

Treffpunkt der Winde
Gedichte. Band 11159

Und nenne dich Glück
Gedichte. Band 11162

Wir pflanzen Zedern
Gedichte. Band 11155

Wir wohnen in Babylon
Gedichte. Band 11156

Wir ziehen mit den dunklen Flüssen
Gedichte. Band 11151

Fischer Taschenbuch Verlag

fi 167 / 3 b

Ilse Aichinger
Werke

Herausgegeben von
Richard Reichensperger

Acht Bände in Kassette
Die Kassette wird nur
geschlossen abgegeben
Als Einzelbände lieferbar

Die größere Hoffnung
Roman. Band 11041

»Wer ist fremder, ihr oder ich?
Der haßt, ist fremder als der
gehaßt wird, und die Fremdesten
sind, die sich am meisten zuhause
fühlen.«

Der Gefesselte
Erzählungen 1
1948–1952
Band 11042

Am Beginn der Wiederaufbau-Ära
sprechen Ilse Aichingers frühe
Erzählungen von Erstarrung und
Verdrängung, »erlösungssüchtig
und untröstlich, kritisch und
gelassen.« *Joachim Kaiser*

Eliza Eliza
Erzählungen 2
1958–1968
Band 11043

»Tatsache ist, daß Ilse Aichinger
mit den herkömmlichen Praktiken
des Schreibens endgültig gebro-
chen hat. Sie verläßt sich nicht
mehr auf Visionen, sie besteht auf
reiner bodenloser Anarchie.«
Heinz Piontek

Schlechte Wörter
Band 11044

»Eine Prosa der Zweifel, der Fra-
gen, der Suche. Diese Prosa hebt
alles aus den Angeln, was sie an-
spricht und meint.« *Jürgen Becker*

Kleist, Moos, Fasane
Prosa. Band 11045

In Erinnerungen an die Zeit des
Nationalsozialismus, in Aufzeich-
nungen und Reden vollzieht sich
eine poetische Rebellion gegen die
Gewalt der Geschichte.
»Wenn es zur Zeit der Sintflut
geschneit und nicht geregnet
hätte, hätte Noah seine selbst-
süchtige Arche nichts geholfen.«

Auckland
Hörspiele. Band 11046

Dieser Band versammelt erstmals
sämtliche Hörspiele Ilse Aichin-
gers, vom sozialkritischen Stück
»Knöpfe« (1953) bis zum Sprach-
gewebe »Gare maritime« (1976),
das die Autorin mit Jutta Lampe
und Otto Sander inszenierte.

Zu keiner Stunde
Szenen und Dialoge
Band 11047

Dialoge und Szenen, die in
mikroskopisch präziser Dialog-
technik Orte und Charaktere
lebendig machen, »ein zierliches
Meisterwerk, das Fülle und
Geheimnis des Lebens enthält.«
Günter Blöcker

Verschenkter Rat
Gedichte. Band 11048

»Gedichte, in denen Kritik an die-
ser Welt geübt wird, die darum,
weil sie nicht tagespolitisch ist,
um nichts weniger radikal ist.«
Erich Fried

Fischer Taschenbuch Verlag

fi 2013 / 2 b

Bücher für besondere Anlässe